Jens Jacobsen

Ungebetene Besucher im Haus

Marder, Ratten, Mäuse und Waschbären vertreiben

45 Farbfotos
3 Zeichnungen

Ulmer

Inhaltsverzeichnis

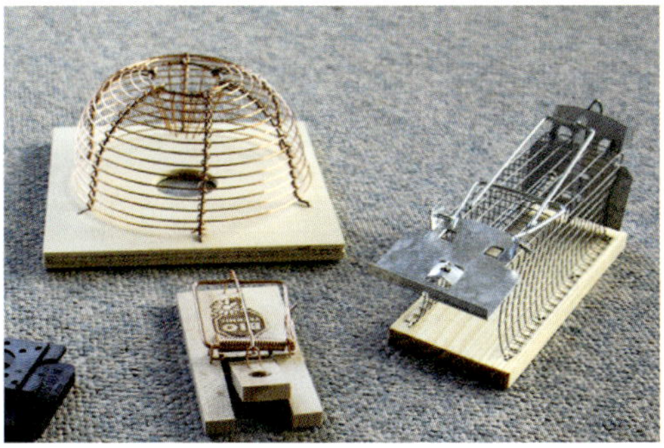

Liebe Leser,

was erwarten Sie von diesem Ratgeber? Möglicherweise fühlen Sie sich mit einer Befallssituation allein gelassen, weil unter Umständen auch die Beratung in Ihrem Heimwerkermarkt Sie nicht wirklich zufriedengestellt hat? Dabei haben Sie dort nur versucht, Gifte oder Fallen zu kaufen. Vielleicht wissen Sie zurzeit nicht, woher Sie die nötigen Kenntnisse erhalten sollen, um einen Befall in eigener Regie bekämpfen zu können? Oder Sie haben gerade eine Bekämpfungsaktion erfolgreich zu Ende gebracht und möchten Ihre Wohnung oder Ihr Haus vor einem Neubefall schützen. Für diese Fälle halten Sie nun das nötige „Handwerkszeug" in der Hand. In diesem Buch erfahren Sie auch Einiges über die tierischen Störenfriede, was Ihnen helfen wird, entsprechende Situationen besser einzuschätzen und zu beurteilen.

Mit zu den bekanntesten Plagegeistern zählt bei uns der Steinmarder. Fast jeder hat schon einmal in irgendeiner Weise mit einem **Steinmarder** zu tun gehabt, vielleicht sogar durch das eigene Kraftfahrzeug, das immer zuverlässig seinen Dienst getan hat und eines Morgens aus unerklärlichen Gründen diesen versagte.

Auch ich kann mich hiervon nicht ausnehmen. In meiner ersten Wohnung unter dem Dach ist der Geselle mit Hurra die Dachschräge über meinem Bett heruntergesaust, um diese dann kurz darauf wieder mit lauten Kratz- und Scharrgeräuschen zu erklimmen. Da ich wusste, dass mein Aufenthalt in der Wohnung nur noch von kurzer Dauer sein würde, konnte ich mich damit arrangieren. Allerdings war ich nicht mehr so gutmütig, als in meiner neuen Wohnung ebenfalls ein Marder auftauchte und sich mit lautem Gepolter bei der Gaube auf den Dachboden zwängte, natürlich wieder über meinem zur Ruhe gebetteten Kopf.

Da ich mich kurz zuvor als Schädlingsbekämpfer selbstständig gemacht hatte, glaubte ich, dass ich jetzt nur einmal kurz die Ärmel hochkrempeln müsste und der Schlafräuber wäre Geschichte. Nach einigen Versuchen – damals hatte ich noch keinerlei Erfahrung mit Steinmardern – gelang es mir schließlich, den Poltergeist davon zu überzeugen, sich eine andere Herberge zu suchen.

War man sich vor einigen Jahren sicher, dass es sich nur um einen Steinmarder handeln konnte, wenn man nachts unsanft aus dem Schlaf gerissen wurde, kommt heutzutage noch ein anderer Schlafräuber infrage, der sich beharrlich in unseren Regionen ausbreitet. Auch der **Waschbär** hat die Nähe zu den Menschen schätzen gelernt und ist daher immer häufiger auf unseren Dachböden und Speichern anzutreffen. Ist der Waschbär auch in einigen Gegenden als heimlicher Untermieter den Menschen längst kein Unbekannter mehr, so ist die nahezu flächendeckende Ausbreitung des Waschbären für andere Städte und Landkreise eine ganz neue Situation.

Aber leider können auch noch andere Tiere unsere Dachböden oder Wohnbereiche heimsuchen und durch ihre Geräuschkulisse ungewollt auf sich aufmerksam machen. Gemeint sind **Ratten und Mäuse**, die sich auch zuweilen in unserer Nähe einnisten und sich dort recht wohl zu fühlen scheinen. So kann es nachts zu unheimlichen Begegnungen kommen, wenn Ihnen auf einmal eine Wanderratte entgegenkommt, von der sie noch gar nicht wussten, dass sie es sich in Ihrer Wohnung gemütlich gemacht hat. Ratten und Mäuse sind wahre Meister im Verstecken und so ist es auch zu erklären, dass in eine Wohnung eingedrungene Schadnager relativ spät entdeckt werden – es sei denn, man läuft ihnen zufällig über den Weg.

Oft werden die Geräusche und auch die hinterlassenen Spuren falsch gedeutet oder können von den Betroffenen gar nicht erst zugeordnet werden. Denn es ist kaum zu glauben, wie laut auch eine kleine Maus sein kann, wenn es nachts ganz still im Haus ist. Aber dennoch versuchen viele, den Geräuschverursachern erst einmal selbst zu Leibe zu rücken. Oft sind es finanzielle Gründe, die einen davon abhalten, sich einen professionellen Schädlingsbekämpfer ins Haus zu holen. Nicht zuletzt animieren die Heimwer-

Auf Dachböden und in Schuppen herumtollende Steinmarder können einen oftmals um den Schlaf bringen.

kermärkte durch ihr vielfältiges Angebot einen dazu, es doch erst einmal selbst zu versuchen.
So findet der geplagte Hausbesitzer oder Mieter neben einer schier unendlichen Vielfalt von Baustoffen und Werkzeugen auch eine immer größer werdende Ecke mit Schädlingsbekämpfungsmitteln, die auf den ersten Blick keinen Wunsch offen zu lassen scheinen. Nur leider ist nicht immer sofort ersichtlich, welches Mittel das Beste für den eigenen Zweck ist, und die freundliche Bedienung kann Ihnen oft auch nur das erzählen, was auf der Verpackung steht. Ein fundiertes Wissen über die Schädlingsbekämpfung ist häufig nicht vorhanden.
Selbst wenn der nette Verkäufer eine breit gefächerte Kenntnis über die Schädlingsbekämpfung besitzt, kann seine Beratung auch nur so gut sein wie die Informationen, die Sie ihm über den Befall geben können. Werden gehörte Geräusche oder gefundene Spuren falsch gedeutet und wird eine Ratte mit einer Maus oder einem Marder verwechselt, ist die Bekämpfungs- bzw. Vergrämungsaktion von vornherein zum Scheitern verurteilt. Mit dem daraus resultierenden Misserfolg könnten wahrscheinlich noch die meisten gut umgehen, aber um das dafür eingesetzte Geld wird es fast allen leidtun.
Dieser Ratgeber soll Licht in das Dunkle bringen und dabei helfen, Waschbär, Steinmarder, Wanderratte und Hausmaus kennenzulernen, sie in ihren Verhaltensweisen zu verstehen und mit alten Vorurteilen aufzuräumen. Er soll aber auch ein praktischer Ratgeber sein, der Ihnen hilft, einen Befall und dessen Spuren ausfindig zu machen und sie dem entsprechenden Tier zuzuordnen, es sicher zu bekämpfen und einem Neubefall vorzubeugen.

Jens Jacobsen
Buchen, im Sommer 2008

Steinmarder und Waschbär

Bei Gesprächen mit Kunden, die im Schuppen, auf dem Dachboden oder sogar im Auto von einem **Steinmarder** heimgesucht wurden, ist mir aufgefallen, wie wenig über den Steinmarder in der Bevölkerung bekannt ist. Zwar können fast alle etwas über den Steinmarder berichten, aber das vermeintliche Wissen über ihn ist oft nur sehr dürftig oder schlichtweg falsch. So halten sich hartnäckig Gerüchte und Geschichten um den Steinmarder, die selbst bei ausführlichen Erklärungen vor Ort nicht gleich von den Kunden als entkräftet angesehen werden. Daher ist es keine Seltenheit, dass bei einem geplagten Hauseigentümer die Abwehrmaßnahmen fehlschlagen, wenn über das abzuwehrende Tier und dessen Verhalten und Lebensweise nur wenig oder gar keine Kenntnisse vorhanden sind.

Wenn aber über den Steinmarder, der bei uns schon seit dem Mittelalter als Kulturfolger auftritt und heute in unmittelbarer Nähe zum Menschen lebt, bei vielen nur wenig Kenntnisse vorhanden sind, wie sieht es dann mit den **Waschbären** aus? Er ist erst seit einigen Jahrzehnten bei uns anzutreffen und vielen ist auch noch gar nicht bekannt, dass er bei uns als einheimisch gilt. Einheimische Tiere sind solche, die es geschafft haben, sich über Generationen ohne Hilfe des Menschen in der freien Wildbahn fortzupflanzen. Der Waschbär ist dazu schon seit einiger Zeit in der Lage, und so ist es also auch nicht verwunderlich, wenn man ihm in unseren Wäldern, Wiesen und Siedlungen begegnet.

Es ist schwer zu glauben, dass Steinmarder und Waschbär in unseren Breitengraden so stark vertreten sein sollen, aber die Vielzahl von Berichten, die in den Medien über die Tiere bekannt werden, sprechen dafür. Und es deckt sich mit dem, was wir von unserem Umfeld erfahren können, denn immer wieder treten hier oder dort Probleme mit den tierischen Gesellen auf.

Irgendwie sind uns der Waschbär und der Steinmarder aber ein kleines bisschen ähnlich. Auch sie mögen die Abwechslung auf der Speisekarte und schätzen sowohl tierische als auch pflanzliche Kost. Dabei nehmen sie gern die Angebote der Saison wahr, die bei der Suche nach Nahrung ausreichend vorhanden und somit leicht zu bekommen sind. Aber warum bekommt man einen Steinmarder und auch einen Waschbären so selten bis gar nicht zu Gesicht? Der Hauptgrund ist wohl, dass beide Tiere dämmerungs- und nachtaktiv sind und sich dieser Aktivitätszeitraum mit dem der wenigsten Menschen deckt. Waschbären, die an den Menschen gewöhnt sind – weil sie zum Beispiel gezielt gefüttert werden –, können ihren Tag-Nacht-Rhythmus so weit umstellen, dass man sie auch am Tage beobachten kann.

Der Steinmarder biologisch betrachtet

Der Steinmarder zählt zu den **Beutegreifern** und gehört zur Familie der **Marderartigen** wie auch die bekannten Wildtierarten Wiesel, Stinktier, Otter oder Dachs. Der nächste einheimische Verwandte des Steinmarders ist der **Baummarder** *(Martes martes)*. Er ist bei uns ausschließlich in großen Laubwäldern zu finden und nicht wie der Steinmarder in Siedlungsgebieten.

STEINMARDER
Ordnung: Carnivora (Beutegreifer)
Familie: Mustelidae (Marderartige)
Unterfamilie: Mustelinae (Wieselartige)
Gattung: *Martes*
Art: *Martes foina*

Der Steinmarder ist an seinem graubraunen Fell, in dem die weiße Unterwolle hell hindurchschimmert, sowie an seinem weißen Kehlfleck, der bis zur Innenseite der Vorderbeine reicht und am Hinterende meist gegabelt ist, gut zu erkennen. Der Schwanz ist buschig. Der Körper ist sehr beweglich, die Beine sind eher kurz. Die Ohren sind groß und beweglich. Sowohl Hör- als auch Geruchssinn sind

gut ausgeprägt, wogegen der Steinmarder aber eher mittelmäßig sehen kann.
Er hat eine fleischfarbene Nase mit rundlichen Nasenlöchern. Die Körperlänge beträgt vom Kopf bis zum Rumpf durchschnittlich 43 bis 46 cm. Mit dem Schwanz kommt ein Steinmarder auf bis zu 90 cm Länge. Damit ist er etwa so groß wie eine Katze, jedoch schlanker und viel leichtfüßiger. Das Körpergewicht ist geschlechtsspezifisch und beträgt beim Männchen (Rüde) bis zu 2,5 kg und beim Weibchen (Fähe) etwa 1,5 kg.
Der Steinmarder hat die für Beutegreifer typischen langen Eckzähne (Fangzähne), die ihm das Ergreifen eines Beutetieres ermöglichen. Mit seinen ersten Backenzähnen (Reißzähne) kann er dann seine Beute zerschneiden. Weil der Steinmarder aber nicht nur **tierische**, sondern auch **pflanzliche Nahrung** zu sich nimmt, hat er mit den Kauflächen der weiter hinten gelegenen Backenzähne die Möglichkeit, Pflanzenkost zu zermahlen. Der Steinmarder ist mit seinem Gebiss also bestens auf die sich bietenden Leckerbissen vorbereitet. Auffällig ist, dass er Unter- und Oberkiefer in einen 90-Grad-Winkel bringen kann, was ihm das Tragen einer seiner Lieblingsspeisen – nämlich Eier – ermöglicht. Im Oberkiefer befinden sich 18 Zähne, im Unterkiefer 20 Zähne.

Lebensraum und Verhalten

Manchmal hat man das Glück und bekommt einen Steinmarder am Tag zu Gesicht, meist während der Jungenaufzucht oder Paarungszeit (Ranz). Dann fällt einem sofort die wellenförmige Bewegung, der sogenannte „**Mardersprung**", beim schnellen Laufen des Tieres auf. Er ist bei einem flüchtenden Tier besonders gut zu beobachten.

HERKUNFT UND VERBREITUNG

Der Steinmarder ist bei uns schon seit dem Mittelalter als Kulturfolger des Menschen bekannt. Er lebt mit uns in den Dörfern und Städten, nicht nur in unseren Breiten, sondern in ganz Süd- und Mitteleuropa sowie in Teilen von Südasien. Nur der „Sprung" auf die britischen Inseln ist ihm bis jetzt noch nicht gelungen.

Der Steinmarder ist an seinem weißen Kehlfleck deutlich zu erkennen.

Ein Grund, warum wir den Steinmarder aber sonst fast nie zu sehen bekommen, ist die Tatsache, dass er Flächen, die ihm keinen Schutz bieten, meidet. Er läuft vielmehr an Hecken oder Büschen entlang, wo er sich bei vermeintlicher Gefahr sofort in Deckung begeben kann. Nachts ist solch ein Tier auch aufgrund des dunklen Hintergrundes nur schwer auszumachen.
Der Steinmarder ist außer der Paarungszeit und der Zeit der Jungenaufzucht als Einzelgänger unterwegs. In den Sommermonaten durchstreift er von Sonnenuntergang bis Sonnenaufgang sein Revier, wobei er mehrere Kilometer zurücklegt. Die **Streifzüge dienen der Nahrungssuche, der Revierkontrolle und der Erkundung**. Hat ein Marder in seinem Revier etwas entdeckt, was sein Interesse geweckt hat, erfolgt die genauere Inspektion immer nach dem gleichen Muster. Zuerst beschnüffelt der Marder das Objekt seines Interesses ausgiebig. Wenn er sich sicher ist, dass es keine Gefahr für ihn darstellt, wird es angestupst, anschließend erfolgt eventuell ein Belecken oder Beißen, um sich ein genaueres Bild von dem Objekt zu machen.
Marder, die in einem von Menschen bewohnten Gebiet zu Hause sind, unternehmen nicht so ausgeprägte Streifzüge wie ihre Vettern auf dem Lande. Der Grund hierfür ist die Nahrungsvielfalt,

die sich in einer Stadt bietet. Die Streifzüge werden dann mit dem beginnenden Herbst und in den Wintermonaten kürzer, wobei sie bei unangenehmen Wetterbedingungen sogar ganz ausfallen können.

Der Steinmarder besitzt in seinem Revier gleich mehrere **Tagesverstecke**, die er abwechselt und in unregelmäßigen Abständen und unterschiedlicher Dauer aufsucht. Seinen Tagesverstecken, die in den Städten und Dörfern in der Regel Dachböden, Schuppen und Speicher sind, kann der Marder über Jahre hinweg treu sein. Oft fällt den Hauseigentümern, die einen Steinmarder beherbergen, seine Anwesenheit nicht einmal auf, weil Steinmarder sehr reinliche Tiere sind. In ihren Tagesverstecken richten sie sich „Toiletten“ und „Speisekammern“ ein, die sie stets benutzen. So halten sich die hinterlassenen Spuren in Grenzen.

Auch wenn Marder Tagesverstecke aufsuchen, die eventuell eine Etage höher liegen, bewegen sie sich doch fast ausschließlich am Boden. In seinem festen Revier, das je nach Geschlecht des Marders unterschiedlich groß sein kann, benutzt er oft **Pässe** (das sind Wege, die immer wieder belaufen werden), um zum Beispiel auf Nahrungssuche zu gehen oder wieder in sein Versteck zu gelangen. Das Revier eines Rüden kann zwei oder mehrere Reviere von Fähen überlappen, von denen er auch geduldet wird. Jedoch wird ein Rüde nicht von einem gleichgeschlechtlichen Steinmarder toleriert.

Im Gegensatz zum männlichen Waschbären (wie später noch beschrieben wird) ist der Steinmarderrüde bestrebt, sein Revier zum Frühjahr zu erweitern, um sich mit zwei bis drei Fähen zu paaren, deren Territorien sein eigenes überlappen. Die erweiterten Gebiete werden allerdings nicht so energisch verteidigt wie das ursprüngliche Revier des Steinmarders. Reviere werden mit Duftmarken gekennzeichnet, die der Marder mit Sekret aus einer Analdrüse produziert. Außerdem bedient sich der Reviereigentümer seines Urins und Kots, um den Reviernachbarn seinen eigenen Anspruch deutlich zu machen. Steinmarder kennen ihre Reviernachbarn genau und kommunizieren auch durch Duftmarken und Losung (Kot), die bei den Streifzügen regelmäßig erneuert werden.

Marder sind außer während der Ranzzeit und Jungenaufzucht **Einzelgänger** und verteidigen ihr Revier gegen Eindringlinge oder Streuner. Streuner sind meistens Jungtiere, die bisher kein eigenes Revier in Besitz nehmen konnten, weil die Populationsdichte das noch nicht zugelassen hat. Ein Revier, das nicht mehr „besetzt“ ist, bleibt Streunern meist nicht lange verborgen und so gibt es hierfür auch bald einen neuen Besitzer, der das Gebiet von jetzt an für sich beansprucht.

Genau dieses Phänomen konnte ich gerade bei einem Kunden beobachten. Bei einem geplagten Hausbesitzer hatte sich schon länger ein Steinmarder einquartiert, der schließlich auf dem Dachboden gefangen werden konnte. Nur leider stellte sich eine Woche darauf ein neuer Untermieter in dem Revier ein.

Ernährung

Untersuchungen haben gezeigt, dass es bei den Steinmardern regionale Unterschiede in der **Nahrungszusammensetzung** gibt. Einem Marder in der Stadt oder in einem Dorf stehen durchaus noch andere Nahrungsquellen zur Verfügung als seinem Vetter im Wald und auf den landwirtschaftlichen Flächen. Und diese nutzt er auch. So hat der durch sein Revier streifende Steinmarder längst die Komposthaufen in den Gärten und die Mülleimer am Straßenrand für seine Futtersuche entdeckt. Hier fallen oft leckere Überbleibsel für ihn ab, aber auch das achtlos in die Hecke geworfene Pausenbrot am Schulhof füllt seinen Speiseplan.

Um an tierische Nahrung zu gelangen, macht er vor allem Jagd auf Feld- und Wühlmäuse, aber auch auf Vögel. In den Städten fallen ihm Tauben und auch mal Ratten zum Opfer, die es in manchen Gegenden reichlich zu erbeuten gibt. Zusätzlich macht er noch Jagd auf Insekten und manchmal auch auf Amphibien. Bei Untersuchungen wurden außerdem fast immer Regenwürmer in den Exkrementen nachge-

Der Steinmarder verlässt in der Dämmerung sein Tagesversteck und durchstreift sein Revier.

wiesen. Diese sind für ihn eine leichte Beute und fast überall zu bekommen.
Da ein Marder gern auf die Nahrung zurückgreift, die sich ihm anbietet, verschont er auch nicht das Futter, das draußen für Haustiere bereitgestellt wurde. Auch Aas lässt er nicht liegen. Die vegetarische Komponente wird vor allem von Früchten wie Äpfel, Birnen und Beeren gedeckt. Früchte machen bei einem Marder einen Nahrungsanteil von etwa 50 Prozent aus, der sich im Spätsommer und Herbst auf bis zu 80 Prozent erhöhen kann, wenn nämlich Früchte in Hülle und Fülle zu bekommen sind.

EIN WEIT VERBREITETES VORURTEIL

Zuletzt sei noch auf ein weit verbreitetes Vorurteil gegenüber dem Steinmarder hingewiesen. Dass ein Marder bei der Jagd in eine Art „Blutrausch“ verfällt und auch weitere Tiere tötet, die er nicht als Nahrung benötigt, ist ein Gerücht. Zwar ist es vereinzelt vorgekommen, dass ein Marder sämtliche Hühner in einem Stall getötet hat, dieses ist aber nicht darauf zurückzuführen, dass der Marder ein blutrünstiger Mörder ist. Er kann durchaus als Eierdieb in einen Hühnerstall eindringen. Hühnereier sind für einen Marder eine gern genutzte Nahrungsquelle und wenn er herausgefunden hat, wo welche zu ergattern sind, wird er sich auch regelmäßig welche holen. Vielleicht fällt ihm dabei auch mal ein Huhn zum Opfer, aber wahllos töten würde er nur, wenn er durch herumflatternde Hühner dazu animiert wird.

Fortpflanzung und Jungenaufzucht

Die kleinen Beutegreifer leben oft unentdeckt in unsere Nähe, aber erfahrungsgemäß wird man in der Zeit von **April bis September** auf die Steinmarderfähen aufmerksam. In dieser Zeit versorgt eine Fähe ihren Nachwuchs, der sich – auch zum Ärger seiner Mutter – noch nicht gleich an den Tag-Nacht-Rhythmus hält. Dass sich der sonst so unauffällige Einzelgänger in dieser Zeit um seine Jungen kümmert, bleibt den Menschen in seiner Nähe meist nicht verborgen. In dieser Phase können auch am Tage neugierige, auf Erkundungstour befindliche junge Steinmarder beobachtet werden. So häufen sich gerade in diesem Zeitraum die Beschwerden über einen Steinmarder in der unmittelbaren Nachbarschaft zum Menschen.
Von März bis April bringt der Steinmarder in einem gut geschützten Tagesversteck **drei bis vier Junge** zur Welt. Die jungen Steinmarder sind bei der Geburt fast nackt, etwa 15 cm groß und wiegen ungefähr 30 Gramm. Auch wenn die Fähe den Rüden bisher in ihrem Revier geduldet hat, wird dieser jetzt energisch vertrieben, wenn er sich in der Nähe aufhält.
In der Steinmarderfamilie werden die Jungen acht Wochen lang gesäugt. Im Alter von ungefähr fünf Wochen öffnen sie die Augen und mit sechs Wochen bekommen sie die die ersten Zähne (Schneidezähne). Mit etwa sieben Wochen fangen sie an, kleine, feste Nahrungsstücke, die ihnen von ihrer Mutter vorgesetzt werden, aufzunehmen. Im Alter von neun Wochen verlassen die jungen Steinmarder das erste Mal zusammen mit ihrer Mutter kurzzeitig das Nest. Hierzu nimmt die Fähe oft nur ein Junges mit und erkundet mit ihm die unmittelbare Umgebung des Nestes wie zum Beispiel den Dachboden. Bis zum Alter von zwölf Wochen bleiben die jungen Steinmarder noch im Nest, wenn ihre Mutter dieses verlässt, um auf Nahrungssuche zu gehen.
Mit 16 Wochen werden die Jungen zunehmend selbstständig und verlassen auch allein das Nest, um ihre Umgebung zu erkunden. In dieser Zeit ist Spielen die Hauptbeschäftigung der jungen Marder, was sich auf manchem Speicher anhören kann wie ein tollpatschiger, nicht müde werdender Einbrecher. Sobald die Jungtiere in der Lage sind das Nest zu verlassen, erhalten sie von ihrer Mutter regelrechten Unterricht, um sich auf ihre bevorstehende Selbstständigkeit vorzubereiten. Die dabei erreichte Unterrichtsqualität ist bei anderen einheimischen Säugetieren so nicht anzutreffen. Steinmarder verfügen auch über eine Intelligenz, die es ihnen ermöglicht, ein **erworbenes Wissen nach Jahren wieder abzurufen**. Mit dem einsetzenden Spätsommer und Herbst sind die Steinmarder dann erwachsen genug, um sich von ihrer Mutter zu trennen und ein eigenes Revier zu suchen.

Während der Paarungszeit und der Jungenaufzucht bekommt man den Steinmarder auch tagsüber zu Gesicht.

Noch während die Fähe mit der Aufzucht der Jungen beschäftigt ist, beginnt in dem Zeitraum von Juni bis August erneut die **Paarungszeit**. In dieser Zeit besucht die Fähe den Rüden in seinem Revier, um ihm mittels Duftspuren zu signalisieren, dass sie zur Paarung bereit ist. Daraufhin entbrennt ein heftiges und ausdauerndes Paarungsspiel, das ein bis zwei Tage andauern kann und von der Fähe mit lautem Gekreische begleitet wird. Die ausgiebigen Paarungsspiele können auch, im Gegensatz zu den Gewohnheiten eines ausgewachsenen Steinmarders, am Tage stattfinden.

Bei der Paarung beißt sich der Rüde in den Nacken der Fähe fest und umklammert sie mit den Vorderbeinen. Das Umklammern kann bis zu zwei Stunden andauern, in denen mehrere Kopulationen stattfinden. In den ein bis zwei Tagen können sich die Steinmarder mehrmals paaren.

Nach einer **Tragzeit** von 280 Tagen bringt die Fähe in den Monaten März bis April erneut Junge zur Welt. Die lange Tragzeit der Fähe ist mit der Keimruhe zu erklären, in welche die befruchtete Eizelle bis Februar tritt.

Der Waschbär biologisch betrachtet

Der Waschbär gehört auch zu den **Beutegreifern**. Obwohl er zur Familie der **Kleinbären** zählt, ist er nicht mit seinen mächtigen Namensvettern, den Großbären, näher verwandt.

WASCHBÄR
Ordnung: Carnivora (Beutegreifer)
Überfamilie: Canoidea (Hundeartige)
Familie: Procyonidae (Kleinbären)
Art: *Procyon lotor*

Der erwachsene Waschbär wiegt etwa 5 bis 10 kg, wobei Rüden in der Regel schwerer sind als die Fähen. Die Körperlänge von etwa 70 bis 85 cm, den Schwanz mitgerechnet, erreicht annähernd die des Steinmarders. Von der Größe her liegt der Waschbär ungefähr zwischen einer Katze und einem Fuchs. Ein Waschbär ist in der Lage, sich vor Beginn der Wintermonate einen Winterspeck anzulegen, der sein Körpergewicht bis zu 50 Prozent übersteigen kann. So wirkt der Waschbär mit einer Schulterhöhe von etwa 25 cm, den eher kleinen, fast zierlich wirkenden Beinen und dem gedrungenen Körperbau deutlich schwerfälliger als ein Steinmarder.

Sieht man sich einen Waschbären genauer an, fallen einem gleich zwei arttypische Fellzeichnungen auf. Zum einen ist es die markante **Gesichtszeichnung**. Sie ist schwarz und hebt sich deutlich von der sonst weißen Gesichtsfärbung ab. Sie erinnert in ihrem Aussehen stark an eine Maske. Über die Augen führt ein weißer Streifen, der einer Art Binde ähnelt. Die runden Ohren, die deutlich aus dem Fell herausragen, sind ebenfalls von weißen Haaren umrandet. Ist die maskenartige Gesichtszeichnung bei jungen Tieren noch sehr ausgeprägt, kann sie mit zunehmendem Alter ausbleichen. Das zweite typische Merkmal ist der schwarz-braun geringelte Schwanz. Dieser fällt im Gegensatz zu dem sonst braunen bis grauen oder auch schwarzen Fell, wie es besonders bei Waschbären in Europa vorkommt, sehr auf.

Der Waschbär ist aufgrund seines Körperbaus nicht in der Lage schnell zu laufen und Springen ist auch nicht gerade seine Königsdisziplin. Wenn möglich, vermeidet er diese Art der Bewegung. Da er nicht zu den laufstarken Tieren gehört, bewegt sich der Waschbär am Erdboden eher langsam bis gemächlich. Obendrein ist er noch **farbenblind** und verfügt über eine Sehschärfe, die in etwa der des Menschen entspricht. Er kann zwar in der Dämmerung gut sehen, aber seine Sehfähigkeit ist eher als durchschnittlich zu bewerten. Das kompensiert der Waschbär aber sehr gut mit **Tast-, Geruchs- und Gehörsinn**. Diese Sinne sind bei dem Waschbären sehr gut ausgebildet. So orientiert sich ein Waschbär in der Dunkelheit hauptsächlich mithilfe seines Geruchsinns. Das wichtigste Sinnesorgan ist für ihn jedoch der Tastsinn. Die Schnurrhaare an der Schnauze dienen dem Waschbären als Tasthaare. An den Vorderpfoten besitzt er auch entsprechende Sinneshaare.

Die Vorder- und auch die Hinterpfoten des Waschbären weisen lange Krallen auf, die nicht eingezogen werden können. Die Krallen und die wie kleine Hände ausgebildeten Vorderpfoten machen den Waschbären zu einem erstklassigen **Fassadenkletterer**. Diese Fähigkeit kann in Siedlungsgebieten zu ernsthaften Problemen führen, wenn er wie der Steinmarder Speicher oder Dachböden von bewohnten Häusern erobert und uns schlaflose Nächte bereitet.

Der Waschbär verfügt über ein **Allesfressergebiss**. Zwar besitzt er die für Beutegreifer charakteristischen Zähne, sie sind aber nicht so spitz und lang ausgebildet wie bei einem reinen Fleischfresser. Und genau wie der Steinmarder verfügt der Waschbär über Zähne mit Kauflächen, die ihm ermöglichen, pflanzliche Kost zu zermahlen. Grundsätzlich gilt: Je weniger Zähne ein Gebiss aufweist, desto stärker ist dessen Besitzer auf eine Nahrungsquelle spezialisiert. So besitzen zum Beispiel das Wildschwein – ein Paradebeispiel für Allesfresser – 44 Zähne, der Rotfuchs 42, der Waschbär 40, der Marder 38, der Mensch 32, die Hauskatze 30 und das Kaninchen 28 Zähne.

Waschbären haben eine deutliche Gesichtszeichnung, die wie eine Maske aussieht.

Lebensraum und Verhalten

Der natürliche Lebensraum des Waschbären sind Mischwälder in der Nähe von Gewässern. Auch wenn der Waschbär keine athletische Figur besitzt, ist er doch ein **sehr guter Schwimmer**. Insgesamt ist er für die Nahrungssuche, die er vorwiegend an Gewässern mit seichten Uferbereichen vornimmt, sehr gut ausgestattet. Seine englische Bezeichnung „racoon“ stammt von einem Indianernamen ab und bedeutet so viel wie „der mit den Händen kratzt“.

Da man ihn früher dabei beobachtet hat, wie er in seichten Gewässern nach Nahrung sucht und dabei seine Hände einsetzt, hat man ihm seinen heutigen Namen verliehen. Auf dem europäischen Festland ist der Waschbär übrigens erst im 20. Jahrhundert aufgetaucht, als hier einige Exemplare ausgesetzt worden sind.

Waschbären verfügen über ein gutes Gedächtnis und sind sehr lernfähig. In der Literatur wird Ihre Lernfähigkeit mit der von Rhesusaffen verglichen. So wurde in Experimenten nachgewiesen, dass Waschbären sich an die Kombination eines Schlosses erinnerten, das sie vor Jahren das letzte Mal geöffnet hatten, um an Futter zu gelangen.

Die **Lebenserwartung** von Waschbären, die in Gefangenschaft gehalten werden, liegt bei etwa 20 Jahren. In der freien Wildbahn erreichen sie selten ein Alter von über zwölf Jahren.

Ein Waschbär sucht im seichten Wasser nach Nahrung.

In Deutschland hat der Waschbär, neben dem Uhu, der gelegentlich mal Jungtiere fängt, keine natürlichen Feinde. Bei uns sterben die Waschbären an Krankheiten oder im Straßenverkehr. Aber auch durch die Bejagung werden jedes Jahr zahlreiche Tiere getötet.

HERKUNFT UND VERBREITUNG

Der Waschbär ist in Europa noch nicht sehr lange heimisch, sondern wurde erst im 20. Jahrhundert bei uns „eingebürgert“. Seine natürliche Heimat sind die USA, der südliche Bereich von Kanada sowie Mittelamerika von Mexiko bis Panama. Nach Deutschland hatte man ihn wegen seines Pelzes gebracht und in Pelztierfarmen gezüchtet. Im Jahre 1934 entschloss man sich für einen Auswilderungsversuch in Deutschland. Für dieses Vorhaben hatte man eine Gegend gesucht, die für den Waschbären optimale Bedingungen aufweist, und sie am Edersee in Hessen gefunden. So wurde der Auswilderungsversuch auch mit Erfolg gekrönt, denn die Waschbären bauten eine stabile Population auf und verbreiteten sich immer weiter.

Eine zweite, allerdings ungewollte Auswilderung erfolgte in dem Kriegsjahr 1945, als ein Waschbärgehege in Wolfshagen in Brandenburg einen Bombentreffer abbekam. Dieses Ereignis verhalf über zwanzig Tieren zur Flucht. Auch diese Gruppe schaffte es, sich in der freien Wildbahn zu vermehren und eine wachsende Population aufzubauen. 1954 schätzte man den Waschbärbestand in Deutschland auf etwa 285 Tiere. 16 Jahre später, im Jahre 1970, wurde die Anzahl schon mit etwa 20.000 Tieren angegeben. Und die Vermehrung der Waschbären nahm noch weiter zu, sodass man im Jahr 2006 von etwa 100.000 Tieren und mehr ausging. Der Waschbär, der bei uns seinen Ursprung in den Pelztierfarmen hat, gilt heute in Deutschland als einheimisch. Durch die ständige Verbreitung sind die beiden ursprünglichen Waschbärpopulationen zusammengewachsen.

Feuchtgebiete mit seichten Uferbereichen in Laub- und Mischwäldern sind ideale Lebensräume.

Der Waschbär meidet wie der Steinmarder das offene Gelände. Aber im Gegensatz zum Steinmarder, der sein Heil in der Flucht und in einem guten Versteck sucht, klettert der Waschbär bei Gefahr einfach auf den nächsten Baum und „sitzt" die Gefahr aus. **Laub- und Mischwälder** mit Feuchtgebieten oder in der Nähe von Gewässern sind der bevorzugte Lebensraum von Waschbären. In diesen Gebieten finden sie ausreichend Nahrung und Unterschlupf. Am liebsten schläft der geschickte Kletterer in **Baumhöhlen**. Bei einem Forschungsprojekt im Müritz-Nationalpark hatte man herausgefunden, dass diese Vorliebe nur in den kälteren Monaten besteht. Im Sommer weicht der Waschbär gern auf Schlafplätze aus, die sich am Boden befinden. Bevorzugt werden am Boden Schilfgürtel oder Windbruchplätze mit herausgehebelten Baumwurzeln. Waschbären, die tagsüber ihre Schlafplätze aufsuchen, wechseln diese meist täglich, um in der Umgebung ausreichend Nahrung zu finden.

In Siedlungsgebieten, wo der Waschbär eine Vielzahl an Nahrungsquellen auf dichtem Raum findet, ist er ortstreuer. Hier findet er in Ställen, Geräteschuppen, Garagen oder Dachböden ausreichend Unterschlupfmöglichkeiten. Er verschmäht selbst Kaminschächte und Abwasserkanäle nicht.

Waschbären sind keine Einzelgänger, wie noch vor einiger Zeit angenommen wurde. Sie leben mit Artgenossen in lockeren Zweckgemeinschaften zusammen und besitzen ein vielseitiges Sozialverhalten.

Waschbären verständigen sich mithilfe von Gerüchen, die sie mit Kot, Urin sowie dem Drüsensekret aus der Analdrüse absetzen. Duftspuren, mit denen Waschbären untereinander kommunizieren, werden als Nachrichten an geeigneten Plätzen hinterlassen.

Ebenfalls dienen Körperhaltung und Mimik, die durch die Gesichtsmaske unterstrichen wird, der Kommunikation zwischen den Artgenossen. Erwachsene Rüden können sich zu kleinen Gruppen zusammenschließen, weil ein aggressives Verhalten bei ausreichend Nahrung selten vorkommt. Sie unternehmen lange Streifzüge, die sie durch Territorien von weiblichen Tieren führt, welche aber nur in der Paarungszeit Interesse an ihnen finden.

Die **Größe der Territorien** ist bei Waschbären von der Nahrungsmenge abhängig, die sie in dem Bereich finden können. Die Angaben zu den Streifgebieten werden in der Literatur sehr unterschiedlich dargestellt und sind von dem jeweiligen Untersuchungsgebiet abhängig. So bietet die natürliche Umgebung des Waschbären nicht so viel Nahrung, wie sie in unserer Überflussgesellschaft zu finden ist. Eine extreme Besiedlungsdichte finden wir in der hessischen Stadt Kassel, wo auf etwa 100 Hektar Fläche ungefähr 100 Waschbären leben. Man möchte somit annehmen, dass sich die Waschbären bei uns recht wohl fühlen, denn Kassel ist in Europa die Stadt mit der größten Waschbärdichte. Aber auch andere Städte in Hessen, Niedersachsen und angrenzenden Regionen sowie im Harz haben aufgrund ihrer Waschbärdichte ihre Probleme. Neben dem nächtlichen Lärm sind es oft kleinere Unannehmlichkeiten wie zum Beispiel die umgekippte Mülltonne oder kleinere Schäden durch umgeworfene Topfpflanzen auf der Terrasse, die einen Waschbärenherbergsbesitzer sich die Haare raufen lassen.

Die äußerst geschickten Kletterer haben in den Städten keine Schwierigkeit, geeignete **Schlafplätze** zu finden, ist der Mensch doch so nett und bringt an jedem potenziellen Schlafplatz lange Metallrohre an, die vom Fußboden bis zum Dach reichen. Diese können vom Waschbär als Leiter genutzt werden. Regenwasserfallrohre und nahe stehende Bäume mit herunterhängenden Ästen ermöglichen den Waschbären, auf und in fast jedes Gebäude zu gelangen. In den 1960er-Jahren kamen die ersten Berichte dieser Art aus Kassel. Seitdem haben die Waschbären gelernt, Mülltonnen zu öffnen, Komposthaufen und Gelbe Säcke auf Essbares zu untersuchen und deren Inhalt auf dem Boden zu zerstreuen. Weiterhin wissen sie, dass bei Haustieren, die draußen gefüttert werden, meist etwas für sie abfällt. Gerade diese Nahrungsquellen ermöglichen den Waschbären auf relativ engem Raum, mit Artgenossen zusammenzuleben. Wenn Nahrung im Überfluss vorhanden ist, benötigen sie auch keine großen Streifgebiete und Territorien.

Ernährung

Für einen Waschbären kann in kälteren Gebieten das Nahrungsangebot in den Winterwochen sehr dürftig sein, sodass er von der Nahrungssuche öfter mit knurrendem Magen nach Hause kommt. In dieser Zeit schränkt der Waschbär seine Aktivitäten stark ein. Er hält eine **Winterruhe** und zehrt von seinen Fettreserven nicht zuletzt, weil ihm Neuschnee und Frostperioden zuwider sind und er beides gern meidet. Erst wenn das Wetter wärmer wird, steckt er seine Nase wieder aus seiner Höhle und begibt sich auf die Nahrungssuche. Jetzt kann der Waschbär stark abgemagert aussehen und einen recht elenden Eindruck hinterlassen, doch die fehlenden Fettreserven hat er schnell wieder aufgebaut.

Waschbären decken ihren täglichen **Nahrungsbedarf** von etwa 200 bis 400 Gramm mit pflanzlicher und tierischer Kost. Besonders gern suchen sie in seichten Gewässern nach kleineren Fischen, Amphibien oder Insektenlaven. An Futterstellen, die ergiebig sind, können häufig kleinere Gruppen von Waschbären beobachtet werden, die zusammen fressen oder auch herumtollen.

Hat der Waschbär etwas entdeckt, was sein Interesse weckt, tastet er es von allen Seiten genau ab, um sich ein genaueres Bild von dem Objekt zu machen. Da dieses Verhalten oft an seichten Wasserstellen beobachtet wurde, ist man fälschlicherweise davon ausgegangen, dass Waschbären ihre Nahrung vor dem Fressen immer waschen, was aber nicht der Fall ist. So kamen diese Tiere aber letztendlich zu ihrem Namen.

Bei Waschbären, die in Gefangenschaft leben, ist auch häufig zu beobachten, dass sie erhaltenes Futter zu einer Wasserstelle tragen und es in dieser „waschen". Dieses Verhalten – was die damalige Fehlannahme eher zu bekräftigen scheint – wird aber mit fehlenden Sinneseindrücken der in Gefan-

genschaft lebenden Waschbären erklärt. Denn Waschbären suchen ihre Nahrung nicht nur in Gewässernähe, sondern passen sich mit ihrem Fressverhalten ebenfalls den saisonalen Angeboten an.
Im Frühjahr machen sie verstärkt Jagd auf tierische Nahrung wie Insekten und Würmer, aber auch Kleinsäuger und Vogeleier werden nicht verschmäht. Im Herbst steht eher pflanzliche Kost bei den munteren Gesellen auf dem Speiseplan. Jetzt heißt es, sich einen ausreichenden **Winterspeck** anzufressen, steht doch der Winter wieder vor der Tür – eine Zeit der Entbehrung, für die gut vorgesorgt werden will. So machen die Waschbären auch vor Obst, Fallobst, Getreide, Nüssen oder Beeren nicht halt. Und so mancher Gartenbesitzer musste schon erkennen, als er seine Ernte einbringen wollte, dass jemand schneller war und ganze Arbeit geleistet hat.
Beim Fressen setzen sich Waschbären meistens auf ihre Hinterläufe und fressen dann aus den Vorderläufen, die sie wie Hände nutzen können. Dieses Verhalten ist recht amüsant anzusehen, was daher einige Menschen dazu verleitet, die putzigen Kerle, die in ihrer Nachbarschaft ein Zuhause gefunden haben, zu füttern. Diese Tierliebe kann ein schnelles Ende finden, wenn die Personen feststellen müssen, dass Waschbären, die gefüttert werden, schnell ihre Scheu vor den Menschen verlieren und dann sehr aufdringlich werden können. Deshalb kann ich nur davon abraten Waschbären zu füttern, auch wenn ihr Verhalten noch so niedlich erscheint. Waschbären, die sich in der Nähe des Menschen einquartiert haben, finden ohnehin genügend Nahrung, die wir Menschen den Waschbären ganz unbewusst zukommen lassen.

Fortpflanzung und Jungenaufzucht

Im April, etwa zur Monatsmitte, gibt es bei den Waschbären Nachwuchs. In einer wohl behüteten Wurfhöhle bringt die allein lebende Fähe nach **65 Tagen Tragzeit zwei bis fünf Junge** zur Welt. Die Waschbärjungen, bei denen schon am ersten Tag die Gesichtsmaske zu erkennen ist, sind bei der Geburt etwa 10 cm groß und wiegen im Durchschnitt 65 bis 75 Gramm. Der Nachwuchs ist anfangs mit gelblichem Flaum bedeckt und die ersten Wochen nach der Geburt noch blind.

Ein Waschbär tastet seine Nahrung genau ab, bevor er sie verspeist.

Bei den blind zur Welt kommenden Waschbären beginnen sich zwei bis drei Wochen nach der Geburt die Augen zu öffnen. Bis zu dieser Zeit und in den nachfolgenden Wochen werden die Waschbärjungen ausschließlich in der Wurfhöhle von der Mutter gesäugt. Feste Nahrung werden sie erst mit sechs bis neun Wochen zu sich nehmen, wenn sie anfangen die Wurfhöhle zu verlassen. Da auch bei den Waschbären die Umstellung von flüssiger auf feste Nahrung nicht von heute auf morgen funktioniert, werden die kleinen Ringelschwänze noch etwa ein bis zwei Monate weiter von ihrer Mutter gesäugt, wobei das Verlangen nach der Muttermilch allmählich abnimmt. Im Herbst sind sie dann selbstständig und somit steht auch die Trennung von der Mutter ins Haus. Während junge Waschbärmännchen nach Erlangen der Selbstständigkeit abwandern – ein instinktiv gesteuertes Verhalten zur Vermeidung von Inzucht –, bleiben die Waschbärweibchen ein Leben lang in der Nähe ihrer Mutter.
Junge Waschbärweibchen erreichen größtenteils vor der nächsten Paarungszeit die Geschlechtsreife, sodass sie meist nach einem Jahr bereits selbst trächtig sind. Die **Paarungszeit** der Waschbären fällt in die Monate Januar/Februar. Waren die Waschbärrüden auch vorher nicht an den Fähen interessiert, denen sie bei ihren Streifzügen begegneten, so sind sie es jetzt umso mehr. Nahezu rastlos durchkäm-

men die Rüden jetzt ihr Streifgebiet und suchen dabei die bekannten Sammelplätze der Waschbärfähen auf, um diese zu umwerben. Bei Waschbärfähen, die in einer Gruppenstruktur zusammenleben, fällt auch die Empfängnisbereitschaft in den gleichen Zeitraum.
Während der drei bis vier fruchtbaren Tage lassen sich einige Waschbärweibchen von mehr als einem Rüden begatten. Die Paarung der Waschbären besteht aus einem intensiven Vorspiel und aus mehreren Paarungsakten, die jeweils von einer Ruhepause unterbrochen werdend. Die Paarungsakte erstrecken sich über mehrere Nächte hinweg. Auch hat die Natur es besonders gut mit den Waschbären gemeint, denn sollte eine Fähe nach dem Trächtigwerden ihr Junges vorzeitig verlieren oder ist sie bei der Paarung nicht trächtig geworden, beginnt im Mai oder Juni eine erneute Empfängnisbereitschaft. Nicht zuletzt hierdurch ist der Waschbär in der Lage, eine hohe Sterblichkeit seiner Art auszugleichen, denn leider erreicht meist nicht einmal die Hälfte aller Waschbären das erste Lebensjahr. Einige erliegen Krankheiten oder erleiden tödliche Unfälle, aber auch durch den Tod der Mutter wird das Schicksal vieler Waschbärjungen frühzeitig besiegelt.
In einigen Gebieten, in denen versucht wurde, den Waschbär stark zu dezimieren oder sogar auszurotten, ist es den Tieren nach kurzer Zeit gelungen, die Populationsstärke wieder auszugleichen.

Viele Personen, die unfreiwillig einen Steinmarder oder einen Waschbären in ihrer unmittelbaren Nähe beherbergen, erleben ein Wechselbad der Gefühle, wenn es ihnen einmal zufällig vergönnt war, den Nachwuchs seines tierischen Nachbarn zu Gesicht zu bekommen. Auf der einen Seite sind die Unannehmlichkeiten, die eine direkte Nachbarschaft mit den nachtaktiven Gefährten mit sich bringt. Auf der anderen Seite ist da eine Mutter mit ihren Jungen, die in ihrem behaglichen Heim auch einen sicheren Zufluchtsort gefunden hat. So habe ich mehr als einmal erlebt, dass Betroffene, die mich um Hilfe baten, eigentlich von mir wollten, dass ich für sie die Entscheidung fällen sollte: entweder mit der Familie Waschbär oder Steinmarder das Heim teilen oder eine fristgerechte Kündigung der Mietverhältnisse für den tierischen Untermieter. Diese Entscheidung kann einem Niemand abnehmen und sie wird auch stark gebeutelten Personen nicht leicht fallen.

Steinmarder und Waschbär – zwei potenzielle Krankheitsüberträger?

Die Lebenserwartung eines Steinmarders kann in der Gefangenschaft zwischen zehn und 15 Jahren liegen, in der freien Wildbahn wird dieses Alter eher selten erreicht. Ein Steinmarder kann sich wie viele Lebewesen mit einer Reihe von Viruserkrankungen infizieren, denen er mit zunehmendem Alter auch erliegen kann. Hierzu gehören die **Staupe**, die verschiedene Organe wie Lunge, Darm oder Nerven befällt, und die **Aujeszky'sche Krankheit**, eine akut verlaufende fieberhafte Viruserkrankung, die besonders durch Schweinefleisch übertragen wird. Die daraus resultierende Erkrankung des Zentralnervensystems endet für den Marder tödlich. Die **Tollwut** ist ebenfalls eine Infektionskrankheit, die auch vor einem Steinmarder nicht haltmacht, wobei der Marder in der Tollwutstatistik nur mit 3,4 Prozent vertreten ist. Weiterhin kann er eine Reihe von Parasiten mit sich herumtragen, die er wie auch die Viruserkrankungen an Artgenossen und sogar teilweise auf den Menschen übertragen kann. Zu den **Parasiten** zählen unter anderem Flöhe, Milben, Nematoden (Fadenwürmer) oder Bandwürmer.
Auch ich habe einmal die Bekanntschaft mit einem Floh machen müssen, als ich auf einem Dach ein „Marderloch" verschlossen habe. Der kleine Geselle ist mir, als ich in das Loch hineingegriffen habe, unter den Ärmel gehüpft. Das sind Erfahrungen, die jeder wahrscheinlich einmal machen muss, aber ich bin mir sicher, dass ich in Zukunft darauf verzichten kann.

Baumhöhlen sind beliebte Tagesverstecke und Wurfhöhlen.

Wahrscheinlich kommen die meisten Steinmarder aber auf der Straße ums Leben. Besonders gefährdet sind hier die Jungtiere, die auf der Suche nach einem eigenen Revier sind und beim Streunen überfahren werden.

Der Waschbär ist dagegen in unserem Landstrich nicht sehr empfänglich für Krankheiten und Parasiten. Auch für die hier auftretende Form der Tollwut scheint er nicht sehr anfällig zu sein, da nur wenige Fälle von Tollwut bei Waschbären in Europa bekannt wurden. Die Infektion durch den **Waschbärspulwurm** *Baylisascaris procyonis* stellt allerdings ein Problem dar. Zwar leidet der infizierte Waschbär selbst kaum unter dem Spulwurm, aber dieser kann auf den Menschen übertragen werden. Waschbärspulwurmeier werden von Waschbären aus dem Darm ausgeschieden und können in den vom Waschbär eingerichteten Latrinen, die auch auf Dachböden vorhanden sein können, noch nach Jahren aktiv bleiben und somit andere Wirte infizieren. Da die Eier des Waschbärspulwurms für eine Infektion oral aufgenommen werden müssen, werden Menschen zwar extrem selten infiziert, bei unzureichender Hygiene während der Reinigungsarbeiten ist es aber dennoch möglich. So sollte keinesfalls sorglos mit den Exkrementen des Waschbären umgegangen werden, wenn er an einer zugänglichen Stelle sein Geschäft hinterlassen hat und dieses beseitigt werden soll.

Wanderratte und Hausmaus

Das war doch eine Ratte, die uns in unserer Bewegung erstarren ließ und uns einen kalten Schauer über den Rücken jagte. Wem ist sie noch nicht über dem Weg gelaufen, und zwar dann, wenn man am wenigsten damit rechnet? Werden Mäuse, die wir zu Gesicht bekommen, eher als kleine, niedliche Tiere bezeichnet, sieht es bei dem etwas größeren Vertreter meist etwas anders aus. Oft lässt sich aber gar nicht genau sagen, ob das jetzt eine Ratte oder eine Maus war, die eben schnell an einem vorbeigehuscht ist. Bei kurzen Begegnungen können Jungratten leicht einmal mit Mäusen verwechselt werden. Beschreibungen, die mir als hinzugerufener Schädlingsbekämpfer gegeben wurden, waren teilweise auch sehr unwahrscheinlich, denn von so großen Wanderratten habe ich noch nie etwas gehört. Wie sehen Wanderratten und Hausmäuse also genau aus?

Die Wanderratte biologisch betrachtet

WANDERRATTE
Ordnung: Rodentia (Nagetiere)
Familie: Muridae (Langschwanzmäuse)
Art: *Rattus norvegicus*

Die Wanderratte hat eine Kopf-Rumpf-Länge von 22 bis 26 cm, der Schwanz hat eine Länge von 18 bis 22 cm. Der Schwanz ist im Gegensatz zu den meisten anderen Rattenarten immer kürzer als Kopf und Rumpf. Das Fell ist rötlich bis graubraun, während die Bauchseite ohne eine scharfe Abgrenzung hellgrau bis weiß gefärbt ist. Bei genauerem Betrachten des zweifarbigen Rattenschwanzes mit der hellen Unterseite und der dunkleren Schwanzoberseite fällt eine ringartige Gliederung mit über 200 Ringen auf, wobei die Angaben zu der Anzahl der Schwanzringe in der Literatur sehr unterschiedlich sind. Der Schwanz wirkt eher kraftlos, wenn man das Verhältnis von Dicke zur Länge berücksichtigt. Daher wird er von der Wanderratte auch nur hinterhergezogen und dabei relativ ruhig gehalten.

Wanderratten wiegen etwa 200 bis 450 Gramm, haben einen **kräftigen, gedrungenen Körperbau** und wirken besonders im Kopfbereich sehr massig. Grund dafür ist die kräftig ausgeprägte Kaumuskulatur. Die Schnauze ist stumpf und die kleinen behaarten, runden Ohren ragen nur zur Hälfte aus dem Körperfell heraus. Würde man die Ohren nach vorn klappen, könnten sie die Augen nicht überdecken. Das ist ein wesentliches Unterscheidungsmerkmal zu der verwandten Hausratte.

DIE HAUSRATTE *RATTUS RATTUS*
Hausratten sind mit ihren 16 bis 20 cm Körperlänge, zuzüglich ihres etwa 19 bis 25 cm langen Schwanzes kleiner und schlanker als Wanderratten. Auch sind sie mit ihren etwa 230 bis 300 Gramm leichter. Aber ein weiteres sicheres Unterscheidungsmerkmal ist die Größe der unbehaarten Ohren. Sie könnten die Augen bedecken, wenn sie nach vorn geklappt würden. Der Schwanz, der von der Hausratte beim Laufen über dem Boden getragen wird und länger ist als Kopf und Rumpf, ist ein weiteres Unterscheidungsmerkmal. Die Füße der Hausratte sind fleischfarbig, im Gegensatz zu den schwarzen Füßen der Wanderratte. In Deutschland gibt es Hausratten mit drei Grundfärbungen: schiefergrau/schwarz, einfarbig grau oder grauer Rücken mit hellem Bauch.

Beide Arten besitzen, weil sie zu den Nagetieren (Rodentia) zählen, ein aus 16 Zähnen bestehendes **Nagergebiss**. Zu dem Nagergebiss gehören vier Schneidezähne, von denen jeweils zwei vorn im Unter- und Oberkiefer gegenübersitzen, sowie die nach einer größeren Zahnlücke folgenden, jeweils zu dritt zusammensitzenden Backenzähne. Die vier wurzellosen, ständig wachsenden Schneidezähne schleifen sich bei Nagetätigkeit gegenseitig ab und bleiben so immer scharf. Das stetige Nagen dient somit nicht nur der Erweiterung von etwaigen Durchgängen, sondern auch der Abnutzung der ständig wachsenden Zähne. Nur solche Gegenstände, die eine Ratte nicht zwischen die Zähne bekommt oder bei denen sie die Zähne nicht hebelnd einsetzen kann, sind vor dem Benagen sicher. Im Durchschnitt beträgt die maximale Gebissöffnung einer Ratte etwa 13 mm.

Neben dem Kurzhalten der Zähne ist die Fellpflege für die Wanderratte ebenfalls sehr wichtig. Denn außer den Schnurrhaaren im Schnauzenbereich, die der Ratte als **Tasthaare** dienen, befinden sich die sogenannten **Leithaare** im Körperfell des Tieres, die ebenso als Tasthaare dienen und, damit sie nicht ihre Funktion verlieren, regelmäßig gesäubert werden müssen.

Wanderratten verfügen über einen sehr gut ausgebildeten Tast-, Geruchs-, Hör- und Geschmackssinn. Ihr einziges Manko, wenn man es als ein solches bezeichnen möchte, ist ihre Kurzsichtigkeit und die Tatsache, dass sie keine Farben sehen kann.

Wanderraten können zwar klettern, sind aber auf diesem Gebiet nicht die wirklichen Experten. Dafür fällt ihnen das Balancieren umso leichter. Da sie auf Kabel- und Rohrleitungen gut balancieren können, werden diese von ihnen gern als Laufwege verwendet. Auf Erkundungsgängen schrecken sie auch vor dem Schwimmen und Tauchen nicht zurück. Diese Disziplinen beherrschen sie ausgesprochen gut, was dazu führt, dass sie sich über die Toilette Zugang zu Wohnungen verschaffen können.

Die Wanderratte, die als Hygiene- und Vorratsschädling auftritt, war ursprünglich bei uns nicht beheimatet. Sie wurde erst mit dem weltweiten Schiffshandel aus Asien bei uns eingeschleppt. Dass die Wanderratte immer noch so stark vertreten ist, obwohl sie in der Regel sofort bekämpft wird, wenn sie in der Nähe des Menschen erscheint, hat sie ihrem hohen Lernvermögen und ihrer raschen Vermehrung zu verdanken. Aber trotz dieser Umstände geht man davon aus, dass eine Wanderratte im Freiland kaum älter als ein Jahr wird. Der Grund dieser **relativ kurzen Lebenszeit** sind ihre natürlichen Feinde und das permanente Nachstellen durch den Menschen. Wanderratten, die in Gefangenschaft gehalten werden, können durchaus bis zu vier Jahre alt werden.

Lebensraum und Verhalten

Orientieren sich Hausmäuse eher am Inneren eines Gebäudes, geben sich Wanderratten meist mit der Umgebung von Häusern zufrieden. Im Gegensatz zur Hausmaus kann die Wanderratte Kälte und Feuchtigkeit sehr gut vertragen. Lediglich für den Nestbau bevorzugt sie trockene und warme Areale. So kann es passieren, dass auch die Wanderratte in ein Gebäude eindringt und die damit verbundenen positiven Umstände für sich nutzt. In der Regel dringt die Wanderratte in den unteren Teil eines Gebäudes ein und findet zwischen den in den Kellerräumen abgestellten Kisten und Kartons **gute Lebensbedingungen**. Sind dann inmitten der abgestellten Gegenstände noch Lebensmittel oder Tierfutter eingelagert, haben wir unbewusst für den nächtlichen Schreckensverbreiter einen idealen Lebensraum geschaffen.

Im Freiland werden Wanderratten von der Tierhaltung magisch angezogen. Einen besonders hohen Stellenwert bilden hierbei die Schweine- und Geflügelzuchten. Aber auch Komposthaufen, Abfallentsorgungs- und Müllplätze üben auf die Schadnager einen gewissen Reiz aus. Finden sie in der unmittelbaren Umgebung von Rast- und Parkplätzen, Parkanlagen und Schulhöfen Grünanlagen mit dicht gewachsenen Bodendeckern, die ihnen einen gewissen Schutz bieten, können sie auch an solchen Orten angetroffen werden. Beliebt bei der Wanderratte sind außerdem die Uferböschungen von Bächen, Kanälen, Teichen und Gräben. Auch Hafenanlagen, die mit ihren Betriebsstätten der Wanderratte genügend Versteckmöglichkeiten bieten, werden gern von ihr aufgesucht. Für die Wanderratte ist die Nähe zum Wasser nicht nur eine besondere Vorliebe, sondern für sie stellt der

Wanderratten leben oft im Verborgenen. Sie sind genügsam und vertragen Kälte und Feuchtigkeit.

Im Gegensatz zur Hausratte würden bei der Wanderratte die Ohren die Augen nicht verdecken, wenn sie nach vorne geklappt sind. Der Schwanz wird hinterhergezogen.

Zugang zum Wasser eine Notwendigkeit dar. So wundert es niemanden, dass sie auch in der Kanalisation ihr Unwesen treibt.

Finden Wanderratten an einem Ort keine Nahrung mehr, wandern die sonst standorttreuen Tiere ab. Gelegentlich zwingen sie aber auch durchgeführte Bau- oder Sanierungsarbeiten, zum Beispiel in der Kanalisation oder in den Kellerbereichen einer Wohnanlage, zum Verlassen ihres Reviers.

Aber auch wenn ein Rudel zu groß geworden ist, spalten sich von diesem einige Tiere ab und suchen sich ein neues Revier. Meist sind die abwandernden Wanderratten drei bis fünf geschlechtsreife Jungtiere, aber auch ältere Weibchen oder Elternpaare wandern gelegentlich ab. Haben sie ein neues Revier gefunden, werden Baue und Wechsel (Wege) geschaffen. Gern legen Wanderratten ihre Baue auch unter Gehwegplatten oder kleineren Fundamenten an. Dabei gräbt eine Ratte aber selten tiefer als 40 cm.

In ihrem neuen Revier ist die Wanderratte zunächst sehr scheu und daher kaum zu entdecken. Auch verfügt sie über die Fähigkeit, sich ihrer neuen Umgebung mit ihrem **Aktivitätsrhythmus** anzupassen. So wurden Fälle bekannt, in denen Wanderratten auf Werkssirenen reagierten und gleich, nachdem die Arbeiter die Hallen verlassen hatten, erschienen die Ratten auf der Bildfläche. Dieses Phänomen ist auch auf einigen Müllplätzen zu beobachten. Wenn Müllfahrzeuge sich ihrer Last entledigt haben, sind die Ratten zur Stelle, um den „Neueingang“ zu untersuchen.

In einem Revier werden den Anforderungen der Wanderratte entsprechende Baue angelegt. In ihnen befinden sich auch das Nest bzw. die Nester. Sie werden von der Ratte aus Papierschnipseln, Gras oder Tierhaaren für die Jungenaufzucht gebaut. Reviere und der sich über das Revier erstreckende Aktionsraum mit den angelegten Wechseln werden von der Wanderratte mit Urin gekennzeichnet. In dem Aktionsraum werden fremde Ratten geduldet, aber in dem Revier werden sie energisch mit starken Attacken von allen anwesenden Rudelmitgliedern vertrieben.

Unter den weiblichen Rudelmitgliedern sind, wie auch bei der Hausmaus, **Nestgemeinschaften** anzutreffen, in dem ein Weibchen die Jungtiere vom Nachbarwurf mit versorgt. Innerhalb dieser Gemeinschaft, die der Nahrungssicherung – Ratten tragen Nahrung und Nistmaterial in den Bau und legen Vorratslager an – und auch dem Schutz der einzelnen Tiere dient, gibt es eine strenge Rangfolge, die durch Rangkämpfe festgelegt wird. Jungtiere bleiben auch nach dem Erreichen der Geschlechtsreife im Rudel. So kommt es bei Wanderratten zur **Inzucht**, ja, sie ist häufig sogar die Regel.

Ein Rudel kann, wenn es ideale Lebensbedingungen gefunden hat, bis auf eine Stärke von 60 bis 100 Tiere anwachen. Dies ist bei der Hälfte aller Wanderrattenrudel der Fall. Kleinere Rudel zählen bis zu 20 Tiere in ihrer Gemeinschaft. Diese Rudelgröße fällt oft nicht auf, da sich der Aktivitätsraum einer Wanderratte weit über die eigentlichen Grenzen des Reviers erstreckt, was bis zu mehrere hundert Meter betragen kann. In dem Aktivitätsraum findet die Wanderratte ihre Nahrung und Tränke, die sie auf

Die **Hausratte** kann der Lebensweise ihrer Verwandten gar nichts abgewinnen. Sie kann hervorragend springen und klettern und besiedelt lieber die höher gelegenen Etagen. So findet man Hausratten im Dachbereich von Häusern, Scheunen und Lagerhäusern, in Zwischendecken oder Containern. Voraussetzung ist jedoch, dass ihnen Trinkwasser und Nahrung in der Nähe zu Verfügung stehen. An diesen warmen und trockenen Orten legen sie ihre überdachten Nester im Gebälk oder im Isoliermaterial an. Die von der Hausratte eingerichteten Reviere, in denen sie ebenfalls nur nachts oder in der Dämmerung unterwegs ist, sind wesentlich kleiner als die der Wanderratte, wobei das Revier auch nicht so viele Rudelmitglieder aufnehmen muss, da die Hausrattenrudel deutlich kleiner sind. Folglich ist ein Befall in den meisten Fällen nur an einer begrenzten Stelle nachzuweisen. Hausratten sind sehr scheue Tiere und durch ihre kleinere Populationsgröße fällt ein Befall oft sehr spät oder überhaupt nicht auf.
Im Revier ist die Hausratte sehr wechseltreu. Auch bei einer drohenden Gefahr weicht sie nicht von diesem Wechsel ab, selbst wenn ein anderer Weg sie schneller aus dem Gefahrenbereich bringen würde. So sind in der Literatur Fälle beschrieben, in denen Hausratten an Engstellen mit der Hand gefangen werden konnten, weil sie nicht alle gleichzeitig durch den Engpass hindurchschlüpfen konnten. Ist die Hausratte der Gefahr entflohen, verharrt sie in dem nächsten Unterschlupf. Das Revier wird von der Ratte nur selten verlassen. Selbst ein eintretender Futtermangel kann sie nicht gleich dazu bewegen, ihr Territorium aufzugeben. Ein über das eigentliche Revier herausführender Aktivitätsraum ist bei der Hausratte nicht vorhanden und außerhalb von Gebäuden ist sie nur selten und auch nur in der warmen Jahreszeit anzutreffen.

ihren angelegten Wechseln aufsucht. Dadurch, dass immer wieder die gleichen Wege benutzt werden, entstehen regelrecht kleine „Trampelpfade" und in mit Bodendeckern bewachsenen Flächen können sich sogar kleine „Röhren" bilden.
Da die Sehkraft der Wanderratte zu wünschen übrig lässt, vertraut sie voll und ganz Ihren Geruchs- und Tastsinn. So finden sich gerade an senkrechten Flächen Wechsel, bei denen die Ratte mit Ihren Tasthaaren Kontakt zur Wand halten kann. Dieses Verhalten dient nicht zuletzt auch ihrem Schutz, denn **natürliche Feinde** besitzt die Wanderratte zur Genüge. Neben Hunde und Katzen machen einige Greifvögel auf die Ratte jagt. Aber auch Storch und Graureiher sind für die Wanderratte ernst zu nehmende Feinde, ebenso wie Marder, Iltis und Hermelin.
Die **Populationsgröße** wird von der Wanderratte dem Revier und dem Aktivitätsraum angepasst. Entsteht hierbei ein Missverhältnis, kommt es zu einer Stresssituation innerhalb des Rudels. Als Folge wandern Tiere ab oder die Aufzucht der Jungen wird durch den entstandenen Nistplatzmangel gestört, was zu einer hohen Jungensterblichkeit führt.

Ernährung

Das Fressverhalten der Wanderratte ähnelt dem der Hausmaus, nur steht sie neuen Nahrungsquellen eher skeptisch gegenüber. So werden zum Beispiel Köderstellen manchmal gar nicht oder erst nach einer längeren Zeit angenommen. Weniger misstrauisch steht die Wanderratte den Nahrungsquellen gegenüber, die ihr schon von klein auf bekannt sind. Dieses tief verwurzelte Misstrauen geht stellenweise so weit, dass Laborratten am Hungertod gestorben sind, statt eine neue Nahrungsquelle anzunehmen. Das bedeutet, dass bei einer Wanderrattenbekämpfung mit großer Sorgfalt vorgegangen werden muss.
Die Wanderratte, die einen **Nahrungsbedarf** von etwa 20 Gramm pro Tag besitzt, nimmt neben Zerealien oder Blumenzwiebeln auch Frösche, Schnecken, Mäuse und sogar Aas zu sich, wobei sie instinktiv auf eine ausgeglichene Ernährung achtet. Je nach Angebot werden auch bestimmte Nahrungsquellen bevorzugt und es entstehen entsprechende

Wanderratten machen auch vor Gemüse keinen Halt.

Vorlieben. So können sie sich zum Beispiel in Zuchtbetrieben auf Jungtiere konzentrieren und neben Küken auch junge Ferkel tot beißen und damit ihren Speisezettel füllen. Durchschnittlich beträgt aber der Anteil der Fleisch- und Fischprodukte auf dem Speiseplan der Wanderratte nur etwa 15 Prozent. Zerealien, die in der Regel einfacher zu bekommen sind, nehmen auf dem Speisezettel den Löwenanteil von etwa 70 Prozent ein, auf Gemüse fallen etwa 15 Prozent. Somit ist auch der alte Irrglaube entkräftet, den ich mir immer wieder anhören muss: „Ich habe die Ratten nicht angelockt. Das müssen die Nachbarn gewesen sein, denn ich habe nur die restlichen Küchenabfälle auf dem Kompost geschmissen und keine gebratenen und gekochten Fleischreste." Nur wenige verstehen anschließend meine Andeutung auf die wohl vegetarisch lebenden Wanderratten, die sich in dem Komposthaufen häuslich eingerichtet haben.

Neben den angenagten Nahrungsabfällen hinterlassen Wanderratten ebenfalls eine große Anzahl an Kotballen, die auf ihre Anwesenheit hindeuten. Sie werden an Futterplätzen, aber auch an den Ein- und Ausgängen vom jeweiligen Unterschlupf oder Bau zurückgelassen. Von den etwa 7 bis 20 mm langen und 3 bis 7 mm dicken, zum Ende hin abgerundeten Kotballen hinterlässt eine Wanderratte etwa 2000 Stück pro Monat. Hinzu kommen noch etwa 500 ml Urin. Diese doch sehr große Menge an Hinterlassenschaften kann, wie auch bei der Hausmaus, zu einer sehr unangenehmen **Geruchsbelästigung** führen, wenn die Wanderratte sich unter einem Dach eingenistet hat. Und nicht vergessen werden sollte die hiervon ausgehende gesundheitliche Gefährdung für alle, die mit den Exkrementen in Berührung kommen. Diesem sollte bei der Beseitigung Sorge getragen werden.

Fortpflanzung und Jungenaufzucht

Eine so hohe Anzahl an Nachkommen wie bei Mäusen kann von Wanderratten nicht erreicht werden. Dennoch bringt ein Wanderrattenpärchen es in einem Jahr theoretisch auf etwa 100 bis 150 Nachkommen. Insgesamt verläuft die Entwicklung der Jungen etwas langsamer als bei den Hausmäusen, sodass eine Wanderratte nur die Möglichkeit besitzt, drei bis fünf Würfe pro Jahr zu versorgen. Die Jungen der Wanderratten kommen mit durchschnittlich sechs Geschwistern in einer flachgepolsterten Mulde, ihrem Nest, zur Welt. Das Nest wurde von der Mutter zum Schutz der Jungen an einen warmen und trockenen Ort gebaut. Anfangs sind die jungen Wanderratten nackt, taub und blind und bringen nur 3,9 bis 6,5 Gramm auf die Waage.
Nach etwa drei bis vier Wochen werden die Jungen selbstständig. Meist ist beim Erreichen der Selbstständigkeit die Mutter schon wieder tragend und bringt nach einer **Tragzeit** von 22 bis 24 Tagen den nächsten Wurf zur Welt. Die Jungratten halten sich jetzt im Rudel der Eltern auf und genießen bis zum Erreichen der Geschlechtsreife eine gewisse Narrenfreiheit. Sind sie nach etwa 75 Tagen geschlechtsreif, werden die Weibchen meist von mehreren Wanderrattenböcken begattet und bringen noch in dem Rudel ihren eigenen Wurf zur Welt.

Die Hausmaus biologisch betrachtet

HAUSMAUS
Ordnung: Rodentia (Nagetiere)
Familie: Muridae (Langschwanzmäuse)
Art: *Mus musculus*

Die Hausmaus, die ursprünglich ebenfalls nicht in unseren Breiten beheimatet war, hat auch durch den weltweiten Warentransport den Weg bis vor unsere Haustür gefunden. Ihre eigentliche Heimat sind Steppen- und Halbwüstengebiete in Zentralasien und Nordafrika. Bei der erwachsenen Hausmaus fallen die im Verhältnis zum Körper großen Ohren und Augen auf. Heute gibt es weltweit verschiedene Unterarten.

Bei uns trifft man auf **drei Unterarten:**
die Nördliche Hausmaus *Mus musculus musculus*
die Westliche Hausmaus *Mus musculus domesticus* und
die Hausmaus, die nur auf der Insel Helgoland vorkommt, *Mus musculus helgolandicus.*

Die drei bei uns vorkommenden Unterarten sind äußerlich nur durch ihre Schwanzlänge und ihre Fellfärbung zu unterscheiden. Die Fellfarbe reicht von Hellgrau bis Hellbraun, wobei der mindestens körperlange Schwanz ebenso wie die großen Ohren nur spärlich behaart ist. Genau wie bei der Ratte weist auch der Schwanz der Hausmaus eine deutliche Gliederung mit 150 bis 205 Ringen auf. Eine Hausmaus wiegt 12 bis 30 Gramm und ist etwa 6 bis 9 cm lang. Hinzu kommt noch der etwa 7 bis 10 cm lange Schwanz. Sie besitzt einen spitzen Kopf mit einem typischen Nagergebiss. Auch die Hausmaus verfügt über die vier ständig nachwachsenden Schneidezähne.
Sie besitzt auch dieselben eingeschränkten Fähigkeiten wie die Wanderratte. Sie kann schlecht sehen, ist farbenblind und kurzsichtig. Dafür ist aber ihr Geruchs-, Hör-, und Tastsinn sehr gut ausgebildet und im Gegensatz zur Wanderratte kann sie hervorragend klettern. Die Lebenserwartung in Freiheit beträgt zwischen 9 bis 18 Monate, wobei auch eine Hausmaus in Gefangenschaft, wo natürliche Feinde fehlen, bis zu drei Jahre alt werden kann.
Die Hausmaus lebt genau wie die Wanderratte als **Kulturfolger** in der Nähe des Menschen. Auch wenn sie auf den ersten Blick recht niedlich wirkt und es einem schwer fällt ihr nachzustellen, insbesondere wenn es sich nur um eine oder wenige Hausmäuse handelt, darf man nicht vergessen, dass auch Hausmäuse eine Vielzahl an ernstzunehmenden Krankheiten übertragen können. Sie verunreinigen Lebensmittel durch ihren Urin, Kot und ihre Haare, wobei auch die Sachschäden meist nicht unerheblich sind. In meinen Augen macht es überhaupt keinen Sinn, mit Hausmäusen anders zu verfahren als wie mit Ratten.

Lebensraum und Verhalten

„Ich glaub', mich laust der Affe“, wird sich bestimmt der eine oder andere gedacht haben, als er bei den alltäglichen Verrichtungen in der eigenen Wohnung eine Hausmaus hinter den Möbeln hervorschauen sah, die das Treiben aufmerksam beobachtete. Und so stand bestimmt auch einigen der Mund offen, als sie erkennen mussten, dass die Maus nicht die geringste Scheu zu haben schien. Dabei sind Hausmäuse doch dämmerungs- und nachtaktiv oder sollte man besser sagen am aktivsten?

Wenn Hausmäuse in Gebäude eingedrungen sind, halten sie sich an warmen, trockenen und ruhigen Orten auf. Das können Schächte, Dämmmaterial oder Verkleidungen sein. Findet die Hausmaus an diesen Stellen dann auch noch die Möglichkeit ein Nest zu bauen sowie ausreichend Nahrung, wird sie den Ort gewiss nicht wieder freiwillig verlassen. In Räumen, in denen es auch am Tag dunkel ist, wird sie nicht nur in der Dämmerung aktiv, sondern auch tagsüber betriebsam unterwegs sein. Hierbei fällt auf, dass sie mit der Nähe zum Menschen sehr gut zurechtkommt und diese zu suchen scheint. So leben Hausmäuse oft in einer geringen Distanz zu dem Menschen, der ihnen Unterschlupf gewährt.

Da Hausmäuse sehr neugierig und lernbereit sind und ferner unter einem triebhaften Herumlaufen „leiden“, können sie eine neue Umgebung schnell erkunden. Durch ihren Erkundungsdrang ist es nur eine Frage der Zeit, bis sich Mensch und Maus über den Weg laufen. Wird ihr dann nicht nachgestellt, ob durch Haustier oder Mensch, kann sie die Scheu vor den Menschen verlieren und regelrecht zutraulich werden.

Hausmäuse leben in **Familienverbänden**, in denen auf ein Männchen (Bock) mehrere Weibchen kommen. Sie besitzen ein stark ausgeprägtes Territorialverhalten. Ein angenommenes Revier wird energisch gegen fremde Artgenossen verteidigt. Die Reviere werden von der Hausmaus unmissverständlich durch das Absetzen von Urin sowie einem speziellen Fußdrüsensekret gekennzeichnet.

In den Familienverbänden können zwischen weiblichen Tieren **Nestgemeinschaften** gebildet werden, in denen die Aufzucht der Jungen von mehreren Weibchen übernommen wird. Nestgemeinschaften dienen der Arterhaltung und bieten auch den Jungtieren eine Überlebenschance, deren Elterntier nicht wieder zum Nest zurückgekommen ist. Innerhalb der Familienverbände ist die Rangfolge genau festgelegt. Diese werden teilweise durch sehr heftige Kämpfe neu geregelt. Innerhalb eines Gebäudes sind Reviere deutlich kleiner als ein Territorium, das eine Hausmaus im Freiland für sich beansprucht. Der Grund für die enge Bindung an Gebäude ist die Tatsache, dass Hausmäuse sehr empfindlich auf lang anhaltende Nässe- und Kälteperioden reagieren. Sie können häufig ihren Tod bedeuten.

Hausmäuse richten sich meist nur einige Meter entfernt von ihrer Futterquelle ein. In Gebäuden haben dadurch die Reviere meist nicht mehr als 4 bis

Links: Hausmäuse suchen die Nähe zum Menschen.
Rechts: Die kleinen Nager verstehen die Nischen, die der Mensch ihnen bietet, zu nutzen.

5 Quadratmeter Größe, können aber auch unter Umständen auf bis zu 50 Quadratmeter ausgedehnt werden. Der **Aktionsradius** variiert je nach Nahrungsangebot und Populationsstärke, wobei die im Freiland lebende Maus oft ein größeres Gebiet absuchen muss, um ausreichend Nahrung zu finden. Hausmäuse können ausgesprochen gut klettern und springen, selbst von Wasser lassen sie sich nicht aufhalten. Somit stellen auch Hindernissen und Irrgänge bei der Nahrungsbeschaffung kein Problem dar.

Durch das regelmäßige Absetzen von mehreren Urintropfen zur Markierung der Wechsel und des Reviers kann es in Gebäuden schnell zu einer **Geruchsbelästigung** kommen. Dabei wird meist in abgeschiedenen, selten betretenen Räumen, aber auch in relativ gut belüfteten Geräteschuppen der für Mäuse typische Geruch sofort wahrgenommen. Auch ohne besondere Fachkenntnisse wird der sich stark in die Nase bohrende Geruch schnell der Spezies Maus zugeordnet.

Leider muss ich immer wieder feststellen, dass betroffenen Personen die dreidimensionale Vorstellungskraft fehlt, wenn sie erfahren haben, dass Mäuse nur ein relativ kleines Revier für sich beanspruchen und der Befall „nur“ auf dem Dachboden ist. Deshalb wird der Befall oft als Bagatelle auf die leichte Schulter genommen, denn das Problem ist ja noch weit weg. Leider benutzen Hausmäuse aber selten die Bodenstiege und laufen anschließend auch nicht den Flur entlang, um dann abermals die Treppen hinunter in die Küche zu gehen. Nein, sie laufen senkrecht in der Zwischenwand geradewegs vom Dachboden in die Küche und während der Hausbesitzer nach seinem Weg vom Dachboden in die Küche schnaufend die letzte Stufe nimmt, ist die Maus schon längst am Ziel. Aus diesem Grund sollte auch der Mäusebefall als ernst eingestuft werden, der sich noch nicht auf die Räume erstreckt, die uns dann Kopfschmerzen bereiten würden.

Ernährung

Sicherlich hat jeder eine Geschichte auf Lager, wenn es darum geht, welche Köstlichkeiten sich die Schadnager schon haben schmecken lassen. Da ist zum Beispiel das Vogelfutter aus dem letzten Jahr, was in der Garage eingelagert wurde und jetzt langsam zu Boden rieselt. Entdeckt wurde der Schlamassel erst, als der Beutel Sonnenblumenkerne umgeräumt werden sollte und er auf einmal immer leichter wurde. Schuld daran war ein Loch auf der Rückseite, das von den Nagern stammt und durch das sie sich schon eine ganz Zeit bedient hatten. In der Wohnung sind es dann eher die versteckten kleinen und großen Süßigkeiten und Naschsachen, die in der Schublade verborgen waren, aber trotzdem von der Hausmaus schon einmal vorgekostet wurden. Einen Lebensmittelgroßhändler trieb es schier die Zornesröte ins Gesicht, als auch er feststellen musste, dass es immer nur die exquisitesten Sachen waren (und somit auch die teuersten), die in seinen Lagerhäusern angeknappert wurden, wobei alles andere links liegen gelassen wurde. Ja, sie sind zum Teil richtige Feinschmecker und geben sich nicht mit dem Erstbesten zufrieden. Und selbstverständlich fressen sie kein Styropor, wie man mir es ganz ernsthaft in einer Verpackungsfirma erklären wollte, weil gerade dieses Verpackungsmaterial stets angenagt war.

Wie ich bereits bemerkte, hat gewiss jeder eine Geschichte parat und kann einiges berichten, was so alles von den Nagergesellen angeknappert wurde – ob zur Nahrungsaufnahme, zum Erhalt von Nestmaterial oder nur des Nagens willen. Was stellt aber die natürlichen Nahrungsquellen für unsere versteckt lebenden grauen Freunde dar? Denn Hunde-, Katzen- und Vogelfutter sowie Pfefferminzschokolade und Backzutaten kommen in der Natur eher selten vor.

Hausmäuse sind bezüglich ihrer Nahrung nicht sehr wählerisch. Sie sind Allesfresser. Ihre Nahrungspalette reicht von tierischen bis zu den bevorzugten pflanzlichen Produkten. Insgesamt streben sie eine **abwechslungsreiche Mischkost** an. Dieses lässt sich auch an ihrem Fressverhalten erkennen. Eine Hausmaus frisst sich nie an einer **Nahrungsquelle** satt, sondern sucht mehrere hintereinander auf, um von ihnen zu probieren. Durchschnittlich besucht eine Hausmaus bei ihrem emsigen Treiben zwischen 15 und 30 Futterstellen. Bei ihrer Suche nach Leckereien frisst sie etwa 18- bis 25-mal pro Tag. Kaum vorstellbar, dass bei diesen Zahlen eine Hausmaus mit einem Tagesbedarf an Nahrung von nur 3 bis 4 Gramm auskommt.

An Nahrung wird grundsätzlich erst einmal alles akzeptiert, was auch für den Menschen essbar erscheint. So werden neben Getreideprodukten, Nüssen, Gebäck, Schokolade auch Obst, Käse sowie geräucherte Fleischprodukte und Insekten von der Maus verspeist, wobei sie, verständlicherweise, immer die hochwertigeren Produkte vorzieht.

Allerdings ist sie sich nicht zu schade in Zeiten, in denen die Nahrungsquellen nicht so reichhaltig vorhanden sind, auch Abfälle zu akzeptieren. Hausmäuse besitzen nicht die Scheu vor neuen Nahrungsquellen wie sie bei der Wanderratte zu beobachten ist, sondern stehen grundsätzlich allem Neuen offen und interessiert gegenüber. Diesem Fressverhalten sollte bei einer möglichen Bekämpfungsaktion Rechnung getragen werden.

Umschließt bei einer Wanderratte der Aktionsraum mindestens eine Wasserquelle, kommt die Hausmaus ganz ohne aus. Hausmäuse trinken nicht, sondern erhalten die lebensnotwendige Flüssigkeit aus ihrer aufgenommenen Nahrung. Dank eines funktionierenden Stoffwechsels scheidet die Maus diese Flüssigkeit in Form von Urin wieder aus, wobei sie den Urin wiederum zur Reviermarkierung beziehungsweise zur Kommunikation zwischen den Artgenossen nutzt.

Ein weiteres Stoffwechselprodukt sind die fast jedermann bekannten Kotballen der Maus, die meist die erste Spur sind, welche auf die unbeliebten Mitbewohner hindeutet. Die Kotballen, von denen die Hausmaus zwischen 50 bis 60 täglich ausscheidet, sind etwa 3 bis 5 mm lang und 2 mm dick. Zu den Enden hin sind sie zugespitzt. Sie sind überall im Revier der Hausmaus zu finden und verunreinigen fast alle belaufenen Gegenstände und Flächen.

Fortpflanzung und Jungenaufzucht

Es hat sich wohl herumgesprochen, dass sich Ratten und besonders auch Mäuse unter guten Bedingungen explosionsartig vermehren können. Wie schnell so etwas jedoch geht, musste ich am eigenen Leib erfahren. Sicherlich hatte ich aus meinem am Carport gestapelten Kaminholz schon das eine

Hausmäuse sind bei einem Nahrungsüberangebot richtige Feinschmecker – in schlechten Zeiten begnügen sie sich auch mit Abfällen.

oder andere Mäusenest hervorgeholt. Und mir ist durchaus bewusst, dass sich das an dieser Stelle aufgeschichtete Holz für den **Nestbau** einer Maus förmlich anbietet. Doch musste ich den kleinen emsigen Gesellen in einem Sommer meinen Respekt zugestehen. Als ich eine Woche nach der letzten Nutzung meinen Rasenmäher aus dem Geräteschuppen geholt hatte und mir beim Schieben Laub darunter herausfiel, konnte ich mir das Laub nicht erklären. Nach einer kurzen Inspektion am Rasenmähermesser ist mir die kleine Kugel mit dem lebenden Inhalt ins Auge gefallen. Hatte es doch eine Maus tatsächlich geschafft, innerhalb einer Woche über dem Rasenmähermesser ein Nest einzurichten und den restlichen verbleibenden Raum mit trockenem Laub zu füllen. Bei einer anschließenden genaueren Kontrolle des Geräteschuppens waren mir dann auch die anderen Spuren aufgefallen, die von der Anwesenheit der kleinen grauen Nager zeugten.

Wie schnell ein Geräteschuppen fest in der Hand von Mäusen sein kann, ist besonders gut nachzuvollziehen, wenn man sich den Lebenslauf einer jungen Hausmaus ansieht. Bis vor kurzer Zeit lag sie selbst noch als ein kleines, gerade einmal 1 Gramm leichtes, blindes, taubes und nacktes Mäuschen in dem Nest ihrer Mutter. Die Mutter hatte die Nestku-

Junge Hausmäuse in ihrem Kugelnest. Ein Wurf besteht aus vier bis acht Jungtieren.

gel in einem Hohlraum nicht weit von einer Futterquelle mit klein genagtem Papier, Textilien, Stroh, Federn oder auch anderen Materialien, die sich ihr anboten, ausgekleidet. Nach etwa 20 bis 30 Tagen in dem Nest der Mutter ist unsere kleine Maus selbstständig geworden. Kurz nach dem Erreichen der Selbstständigkeit ist sie nach etwa 30 bis 40 Tagen auch schon geschlechtsreif und in der Lage, nach einer **Tragzeit** von 19 Tagen ihren eigenen Wurf aufzuziehen. In der Regel besteht ein Wurf bei den Hausmäusen zwischen vier bis acht Jungtieren, wobei sie zwischen sechs und zehn Würfe jedes Jahr großzieht.

Diese Werte unterliegen sehr starken Schwankungen, denn sie sind abhängig von dem Umfeld und dem Nahrungsangebot. So ist zum Beispiel eine Hausmaus, die sich in der Zwischendecke einer Wohnung eingenistet hat, in der Lage, alle vier Wochen einen neuen Wurf aufzuziehen, kann sie doch in ihrem Revier auf die leckersten Sachen aus der unter ihr liegenden Wohnung zurückgreifen und kennt keine Nahrungsengpässe. Sie hat auch die Möglichkeit, sich das ganze Jahr hindurch fortzupflanzen. Ihre Verwandten, die nicht das Glück hatten, eine warme Herberge zu finden, sind dazu nicht in der Lage. Aber dennoch kann ein Hausmauspärchen theoretisch in ihrem etwa zweijährigen Leben für bis zu 1000 Nachkommen sorgen. Dadurch wäre ein explosionsartiges Vermehren in einem Gebäude denkbar.

Aufgrund der Fortpflanzung ist es offensichtlich, dass ein erkannter Befall von Ratten oder Mäusen unverzüglich bekämpft werden sollte. Denn die Schadnager verstehen es, die Nischen, die wir ihnen bieten, hervorragend auszufüllen und sich bei idealen Bedingungen rasant zu vermehren.

Spurensuche

„Da war es wieder, das Geräusch, das wahrscheinlich vom Dachboden her kam. Ja, genau dasselbe, das in den letzten Tagen immer wieder mal zu hören war." Also wird fieberhaft in alle Richtungen gelauscht, um das Geräusch besser einordnen und lokalisieren zu können. Aber irgendwann soll das Geheimnis des Geräusches schließlich gelüftet werden und es beginnt die Spurensuche auf dem Dachboden oder möglicherweise im Schuppen, wo man den Ursprung der Geräusche vermutet. Über eines ist man sich aber schon vor der Suche im Klaren, dass nämlich diese Geräusche nur einen tierischen Ursprung haben können. Aber was für ein Tier könnte es nur sein, das einem da über dem Kopf herumrumort oder diese Geräusche im Schuppen erzeugt?

Um eindeutig Gewissheit darüber zu bekommen, um welches Tier es sich handelt, ist eine Spurensuche an dem vermuteten Entstehungsort der Geräusche unerlässlich. Gerade wurde die Spurensuche mit vollem Elan begonnen, als sie aber schon ihren ersten Dämpfer bekommt. Denn in Zeiten von „Blower-Door-Messung", wo alle kleinen Ritzen mit Dampfsperren verschlossen werden, wird einem auch schnell bewusst, dass Räume, die früher in einem Haus zugängig waren und auch genutzt wurden, heutzutage hermetisch abgeschlossen werden. Gemeint ist die gute alte **Abseite** (ein abgetrennnter Nebenraum), die nicht selten von Mäusen oder Mardern aufgesucht wird, bei der man aber keine Möglichkeit hat mehr hineinzugelangen.

Ist der Bereich, in dem sich die Tiere aufhalten, nicht zugänglich, bleiben in der Regel nur zwei Möglichkeiten, um sich einen **Zugang** in diese Verstecke zu verschaffen. Zum einen ist es der Einbau einer Luke oder Klappe, die einen die Abseite oder den Spitzboden dauerhaft betreten lässt. Oder man entschließt sich, sich von außen durch die Eindeckung einen Weg zu bahnen. Wird meistens die erste Variante von den Eigentümern mit Schrecken vernommen, ist sie doch mit Lärm, Schmutz, Materialkosten sowie anschließenden Tapezier- und Malerarbeiten verbunden, erscheint die zweite Möglichkeit beim genaueren Betrachten als die bessere Variante. Unterspannbahn und Dampfsperre lassen sich in der Regel leicht wieder kleben, Isoliermaterial ist einfach zu zerschneiden und später wieder einzusetzen.

Erst bei einem akuten Problem wird Hauseigentümern deutlich, dass es aufgrund der modernen Bauweise oder eines späteren Anbaus kaum etwas Schlimmeres gibt, als einen umbauten Raum, der nicht mehr zugängig ist, jedenfalls nicht ohne einen erheblichen Aufwand. Da werden Dachböden ausgebaut, in denen der Spitzboden zwar abgetrennt, aber wegen der geringen Höhe nicht mit einer Dachbodenluke versehen wird. Auch werden die beschriebenen Abseiten aus Angst vor Zugluft nicht mehr mit Klappen oder Türen versehen und beim An- oder Umbau wird der Raumschnitt so ungünstig, dass kurzerhand kleinere Teile des Raums hinter einer Leichtbauwand verschwinden. Diese oder andere kleinen Sünden sind es, die der Hausbesitzer beim Auftauchen eines ungebetenen Gastes teuer bezahlen muss.

Mäusekot auf einer abgehängten Decke

Nur Geräusche!?

Allein anhand der Geräusche lässt sich ein Tier relativ gut bestimmen, kommen doch in erster Linie nur Mäuse, Ratten oder Steinmarder infrage. In einigen Bundesländern sollte auch an den Waschbären als möglichen Poltergeist gedacht werden.
Werden die Geräusche als ein schnelles „Getrippel" und „Knapper- und Raspelgeräusch" beschrieben, handelt es sich bei dem unentdeckten Dachbodenbewohner höchstwahrscheinlich um eine oder mehrere Mäuse. Oft können Betroffene kaum glauben, wie laut so eine kleine Maus sein kann, daher wird automatisch ein größeres Tier als Störenfried vermutet. Sind die Störgeräusche zwar den „Knapper- und Raspelgeräuschen" zuzuordnen, sind aber kein schnelles „Getrippel", handelt es sich eventuell um eine Ratte. Ist die Lärmquelle allerdings besser als ein „Gepolter" oder „Gehopse" zu bezeichnen, das eher an Turnübungen erinnert, und ist mit einem „Getrippel" überhaupt nicht zu vergleichen, handelt es sich bei dem Störenfried mit aller Wahrscheinlichkeit um einen Marder. Der Waschbär erzeugt eine ähnliche Geräuschkulisse, nur bewegt er sich in der Regel ein wenig gemächlicher. Allein durch seine Größe und sein Gewicht ist es nicht möglich, dass er sich geräuscharm Zutritt zum Dachboden verschafft und auf diesem dann lautlos herumläuft.

Weitere Spuren auf dem Dachboden

Ist der Ort der vermuteten Geräuschquelle betretbar, beginnt dort die Spurensuche. Mit einer Taschenlampe bewaffnet wird jetzt der Dachboden oder der entsprechende Raum genauestens unter die Lupe genommen. Hierbei wird versucht, **Spuren** wie zum Beispiel **Trittsiegel (Pfotenabdrücke)**, **Nahrungsreste**, **Nagespuren** oder **Exkremente** zu finden, die einer Tierart eindeutig zugeordnet werden können. Aber auch fremdartige Gerüche können ein Indiz für ungebetene Gäste sein.
In der Regel sind bei einer längeren Anwesenheit eines Tieres die zurückbleibenden Spuren deutlich zu erkennen. Gehen wir einmal von einem Steinmarder aus, werden neben den typischen Kotplätzen, die er sich einrichtet, auch Nahrungsrückstände wie Federn oder Knochenreste zu entdecken sein. Bei Ratten und Mäusen werden einem neben den Kotspuren auch die Stellen, an denen Nagespuren entdeckt werden, auf die richtige Fährte lenken. Ebenfalls ist eine Waschbärlatrine unverwechselbar.
Die Suche beginnt bei dem sichtbaren **Isoliermaterial** im Fußbodenbereich des Dachbodens, das einer genauen Kontrolle unterzogen wird. Finden sich in ihm möglicherweise größere Mulden oder wurden sogar Stücke aus ihm herausgerissen, deutet dies auf den Ruheplatz eines Steinmarders oder Waschbären hin. Grundsätzlich kann auf dem Isoliermaterial, je nach Alter des Hauses, eine Staubschicht vorgefunden werden. Hier gilt es jetzt zu prüfen, ob die Staubschicht überall auf der Isolierung vorhanden ist oder irgendwo „weggefegt" wurde.
Vielleicht zeichnen sich aber auch Pfade ab und es sind kleine Löcher in dem Isoliermaterial zu finden. Diese können von einer Maus oder Ratte herrühren, die ihre Gänge und Nester in der Isolierschicht angelegt hat. Es sollte aber immer in Erwägung gezogen werden, ob gewisse Veränderungen in der Isolierschicht von zurückliegenden Bauarbeiten herrühren (zum Beispiel das Verlegen von Elektrokabeln), die einen dann falsche Schlüsse ziehen lassen. In einigen Fällen kann auch der Pass des Marders oder des Waschbären gefunden werden, der ihn auf den Dachboden geführt hat. An der Stelle wurde mit aller Wahrscheinlichkeit die Isolierung zur Seite gedrückt oder auf eventuell vorhandenen Brettern ist die Staubschicht, die sonst auf den Flächen zu finden ist, wie weggebürstet. Ein solcher Durchschlupf ist bei dem Steinmarder kaum größer als 10 cm. Gerade in Gaubenbereichen sowie Giebeln wird ein solcher Durchgang häufig gefunden und in einigen Fällen gelingt es einem selbst, nach draußen auf das Dach zu sehen.
Fallen einem nicht gleich deutliche Spuren ins Auge, sollten zuerst die vorhandenen Ecken auf **Exkremente oder blank gelaufene Stellen** hin überprüft werden. Ist man der Ansicht, Exkremente von Mäusen oder Ratten entdeckt zu haben, sollten diese etwas näher betrachten werden, denn nicht selten werden kleine tote Käfer mit Kotballen verwechselt. Eine besondere Hilfestellung bekommt man hier

Eine typische „Mardertoilette“ auf dem Dachboden

Marderspuren auf einer eingestaubten Dachpfanne

Mauseloch in der Isolierung auf dem Dachboden

auch durch Spinnennetze, die fast in jeder Ecke und in jedem kleineren Loch zu finden sind. Fehlen Spinnennetze in einer Ecke und kann dazu auch weniger Staub auf dem Boden entdeckt werden, hat man einen benutzten Weg gefunden. Gerade an diesen Stellen sollte nach **Kotspuren** gesucht werden.

An Giebelwänden und deren Ecken zum Dach hinterlassen häufig Ratten und Mäusen ihre Spuren, weil diese sich gern lotgerecht zur Wand bewegen. Dazu ist es oft notwendig, Kartons oder andere eingelagerte Gegenstände zur Seite zu räumen, um entsprechende Bereiche einer genaueren Kontrolle zu unterziehen. Und werden die Kartons schon einmal in die Hand genommen, empfiehlt es sich, auch diese auf eventuelle Nagespuren oder kleine Löcher zu untersuchen. Wenn die Kartons und Kisten nicht fest verschlossen waren, sollte auch ein Blick in die Kartons für Gewissheit sorgen, dass sich dort keine Tiere eingenistet haben.

Aber auch auf **Schornsteine** oder **Mauern** und deren Resten, die sich eventuell auf dem Dachboden befinden (weil sie vielleicht noch von irgendwelchen Umbauten herrühren), sollte ein besonderes Augenmerk gerichtet werden. Hier schließt oft die Isolierung nicht bündig ab und die dadurch entstandenen Spalten werden gern von den Schadnagern als Wege genutzt, die sie unter die Isolierung führen. Genauso gern verbergen sich die Tiere unter Laufbrettern, die vereinzelt auf dem Boden als Laufsteg aufgenagelt wurden. Ein kurzer Blick schräg unter die Bretter kann Klarheit drüber bringen, ob sich darunter jemand versteckt hält.

Wurden an den beschrieben Orten sowie auf den Bodenbrettern keine eindeutigen Spuren entdeckt, schließt sich jetzt die von der Bodenfläche ablaufende **Dachschräge** an, die den Wand-, und Deckenbereich der ersten Etage darstellt. Diese ablaufende Dachschräge ist aber nicht bei jedem Baustil einzusehen. In ihr können sich ebenfalls Anzeichen befinden, die oft nur mit einer Taschenlampe entdeckt werden können. Geachtet wird auf blank gelaufene Bereiche oder aber staubige Orte, in denen sich **Trittsiegel** zeigen. Trittsiegel auf staubigen Flächen lassen sich am besten darstellen, indem eine Taschenlampe tief und schräg zur Oberfläche gehalten wird. Bei der Isolierung ist auf mögliche Veränderungen zu achten, die nicht auf durchgeführte Baumaßnahmen zurückzuführen sind.

Zu guter Letzt muss ich jetzt noch für einige die Freude über die gefundenen Spuren trüben, denn oft ist es nicht so, wie es scheint. Liegen beispielsweise sehr viele Kotballen an der Giebelwand oder am Schornstein, die überhaupt nicht übersehen werden konnten, ist meist ein anderes Tier der Übeltäter. Hierbei könnte es sich um Fledermäuse handeln, die sich tagsüber auf den Dachboden einfinden. Ihre Kotballen sehen der einer Maus sehr ähnlich. Leider sind Fledermäuse nur schwer im Dachstuhl zu beobachten, aber eine abendliche Exkursion in den eigenen Garten würde einem in diesen Fall Klarheit verschaffen.

Welche Spuren gehören zu welchem Tier?

Nachdem nun jeder Winkel des vermeintlichen Aufenthaltsortes der Eindringlinge einer genaueren Inspektion unterworfen wurde, lässt einen der entstandene Entdeckerstolz hoch motiviert fortfahren. Konnten doch tatsächlich in zugekramten Ecken und hinter vor Jahren abgestellten Kartons Spuren entdeckt werden. Schnell vergessen sind die Spinnweben in den Haaren und im Gesicht sowie der Staub und der Dreck, den man bei der Suche in den entlegensten Ecken des eigenen Wohnbereiches aufgespürt hat. Ermutigt durch die Situation wird dann gleich beschlossen, diese Rumpelbereiche aufzulösen und sich in den nächsten Tagen doch von dem einem oder anderen zu trennen.

So oder ähnlich mag es vielen schon gegangen sein, bis sich ein weiteres Problem einstellte. Zwar wurden Spuren oder Hinweise gefunden, welche die Vermutung zur Gewissheit werden ließen, dass die Räumlichkeiten durchaus noch anderen Lebewesen ausreichend Platz bieten. Aber können diese Anzeichen auch richtig gedeutet werden? Zwar bestand schon vor der Suche nach eventuellen Spuren ein gewisser Anfangsverdacht auf eine Spezies und wurde durch die entdeckten Hinweise noch untermauert. Restzweifel, ob die sichtbaren Spuren dem richtigen Tier zugeordnet wurden, sind aber nicht vollständig ausgeräumt worden. Wer jetzt glaubt, dass bei einem selbst diese Restzweifel nicht vorkommen werden, den würde ich gern einmal fragen: „Wie sieht der Kot eines Waschbären aus? Und wie unterscheidet sich dieser von dem des Steinmarders? Oder stammen diese kleinen Abdrücke, die eventuell auf staubigen Flächen gefunden wurden, von einer Maus oder einer Ratte?"

Bei einer Fortbildungsveranstaltung zum Thema Schädlinge, zu der ich als Referent eingeladen wurde, hatte ich den Teilnehmern zuerst Kot einer Jungratte in einem Glasröhrchen präsentiert und sie gefragt, von welchem Tier diese Hinterlassenschaften stammen. Aber das Ergebnis, was sich aus meiner Frage ergab, hatte ich nicht erwartet. Hatten doch tatsächlich etwa 30 Prozent den Kot der Maus zugeordnet. Erst als ich ein weiteres Röhrchen mit Mäusekot hervorzauberte, revidierten die 30 Prozent ihre Meinung und lagen jetzt richtig.

Um eine richtige Einschätzung vornehmen zu können, werden Vergleiche benötigt. Diese führe ich im Nachfolgenden als kleine Hilfestellung auf, damit Sie nicht daneben liegen und später die falschen Maßnahmen ergreifen und damit den Bekämpfungserfolg gefährden.

Kot- und Fraßspuren

Eine der eindeutigsten Spuren (wenn das Tier nicht selbst beobachtet werden konnte) ist der gefundene **Kot**. Über dessen Größe und Form lässt sich das jeweilige Tier relativ sicher bestimmen. Der Steinmarder richtet ebenso wie der Waschbär „Toiletten" ein. Bevorzugt der Waschbär eher einen erhöhten Platz, wie zum Beispiel einen dicken Ast, Baumstumpf, Holzstapel oder auch einen Dachboden, ist der Steinmarder in der Regel nicht so wählerisch. Sein Kot, Losung genannt, ist oft in der Nähe seines Tagesverstecks zu finden und kann somit auch in größeren Mengen auf dem Dachboden vorhanden sein.

Die Losung des Steinmarders ist spiralförmig gedreht und wurstförmig. An den Enden ist sie spitz und bei einer Länge von etwa 8 bis 10 cm nur 1 bis 1,5 cm dick. In ihr finden sich oft Nahrungsreste wie Haare, Federn oder Obstkerne, die auch die Farbe der Losung variieren lassen. Hühnereier werden von einem Steinmarder auch gern als Nahrung angenommen und so können auch welche auf dem Dachboden gefunden werden. Der Steinmarder beißt die Eier meist quer auf und die dadurch entstandene, viereckig wirkende Öffnung kann neben anderen Spuren ebenfalls auf einen Steinmarder hinweisen. Weiterhin können bei Anwesenheit eines Marders Nahrungsreste wie Knochen, Federn oder Eierschalen und sogar „Speisekammern" gefunden werden. Ein Steinmarder ist nicht in der Lage wie der Waschbär eine Winterruhe zu halten und muss für schlechte Tage Vorsorge treffen.

Der Kot des Waschbären ähnelt eher dem eines kleinen Hundes, der aber nicht einen so unangenehmen Geruch besitzt.

Der relativ kleine Mäusekot kommt gerade einmal auf eine Länge von 3 bis 5 mm und ist dabei 2 mm dick und an den Enden zugespitzt. Eine Ratte hinterlässt schon weitaus größere Kotballen im Vergleich zur Maus. Die Kotballen einer Wanderratte messen eine Länge von 7 bis 20 mm und sind 3 bis 7 mm dick und an den Enden abgerundet. Hausratten hingegen hinterlassen Kotballen die etwa 7 bis 12 cm lang, jedoch schlanker und an beiden Enden zugespitzt sind.

Pfotenabdrücke und Nagespuren

Weitere Spuren, die sich eindeutig zuordnen lassen, sind die jeweiligen **Trittsiegel**, die von dem einzelnen Untermieter hinterlassen werden. Finden sich an verstaubten Stellen solche Abdrücke, verraten auch diese ihren Verursacher. Manchmal können solche Spuren auch im Garten an feuchten Stellen, in Matsch, Sand oder Schnee gefunden werden. Sind die Trittsiegel in einem Bereich deutlich zu erkennen, ist es sogar dem Laien möglich, die Spur einer Wanderratte von der einer Hausratte zu unterscheiden. Wanderratten ziehen beim Laufen ihren Schwanz hinter sich her und hinterlassen so zwischen ihren Pfotenabdrücken die paarweise etwa 35 bis 40 mm auseinander liegen, eine Schleifspur. Die Größe der Vorder- und Hinterpfoten fällt bei der Ratte sehr unterschiedlich aus. Während die Größe der Hinterpfote etwa 2,5 bis 3,5 cm beträgt, misst die Vorderpfote lediglich nur 1 bis 1,5 cm.

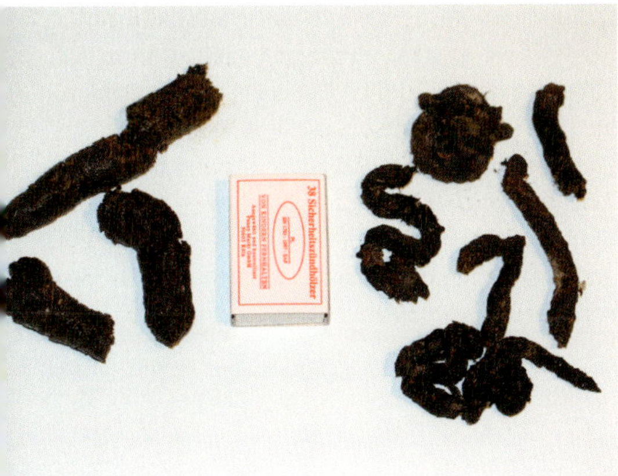

Links Waschbärkot, rechts der Kot des Steinmarders

Links Mäusekot, rechts der Kot der Wanderratte (Jung- und Alttier)

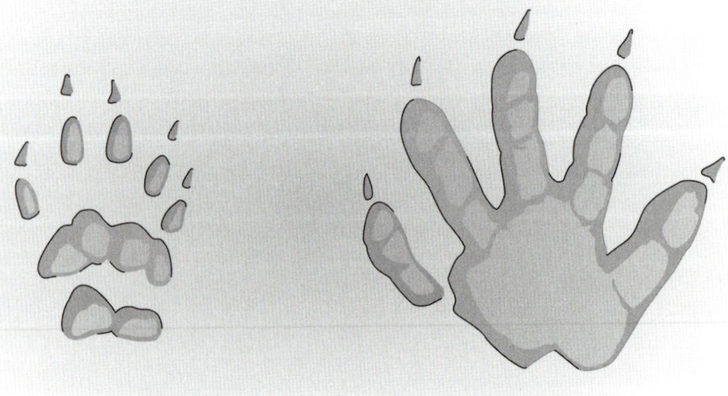

Die Trittsiegel des Steinmarders und des Waschbären sind kaum zu verwechseln.

Der Trittsiegel eines Steinmarders besteht aus vier Ballen- mit jeweils länglichen Krallenabdrücken. Die Abdrücke sind etwa 5 bis 6 cm groß und eher länglich im Vergleich zu denen einer Katze, womit sie häufig verwechselt werden. Katzen hingegen hinterlassen Trittsiegel, die rundlich sind und keine Krallenabdrücke, da die Krallen von der Katze beim Laufen eingezogen werden.

Die Spur eines Waschbären ist mit der eines Steinmarders und der einer Katze nicht zu verwechseln. Sie ähnelt im Aussehen mehr der einer kleinen Kinderhand. Auch bei dem Trittsiegel eines Waschbären sind Krallenabdrücke zu erkennen.

Ein weiteres Indiz, das auf versteckt lebende Ratten und Mäuse hindeutet, sind Stellen, an denen **Nagespuren** zu finden sind. Nagespuren können an den unterschiedlichsten Materialien gefunden werden und lassen auch Rückschlüsse auf dessen Verursacher zu. Sind die Materialien von fester Konsistenz, erkennt man an ihnen oft die zurückgebliebenen Spuren der Nagezähne. Anhand der Breite und der Länge der zurückgelassenen Nagezähnenspur kann auch hier die Ratte von der Maus unterschieden werden. Eine Ratte hinterlässt mit ihren etwa 1 bis 1,5 mm breiten Nagezähnen eine etwa 3 mm breite Nagespur an den benagten Gegenständen. Auch bleibt bei der maximalen Gebissöffnung von 13 mm eine längere Nagespur zurück, als sie die Maus hinterlassen könnte. Bei Mäusen sind an den Nagestellen in der Regel auch Kotballen zu finden und die benagten Materialien werden feiner zerkleinert.

Neben den Spuren, die auf eine bestimmte Art schließen lassen, können weitere gefunden werden, die den Kreis der Übeltäter zumindest weiter eingrenzen. So können Löcher und Mulden in der Isolierung sowie Durchschlupfe in Wänden durch ihre Größe, verschobene Gegenstände durch ihr Gewicht und vorgefundene Nahrungsreste den Kreis der Verdächtigen stark eingrenzen.

Steinmarder und Waschbär im Haus

Wenn Sie ein Poltern auf dem Dachboden hören und kurz darauf ein Kratzen an der Gaube, wissen Sie, dass Ihr Dachbodenbewohner sein Tagesversteck oder sein warmes Nest auf Ihrem Dachboden verlassen hat und einen nächtlichen Streifzug durch sein Revier beginnt.

Wahrscheinlich besitzt er genau die gleichen Vorlieben wie Sie und so ist dem Marder oder auch dem Waschbären vermutlich schon Ihr herrlicher Apfelbaum ins Auge gefallen, dessen Äpfel immer so schön süß schmecken und dieses Jahr reichlich vorhanden sind. Oder er hat auch eine große Vorliebe für die Brombeeren an dem kleinen Strauch hinten im Garten und kommt an denen nur schwerlich vorbei. Ganz nebenbei fängt der Steinmarder Ihnen noch ein paar Mäuse aus Ihrem Garten und verfeinert damit seinen reichhaltigen Speiseplan. Jedenfalls wird der Streifzug durch das Revier bei beiden Tieren bis in den frühen Morgen dauern. Dann werden Sie vermutlich die kurze Prozedur in der umgekehrten Reihenfolge bemerken. Der Steinmarder rollt sich in sein kuscheliges Nest und verschläft den anbrechenden Tag. Beim Waschbären dagegen kann es etwas geräuschvoller zugehen, weil er nicht wie der Steinmarder ein Einzelgänger ist. So werden gute Schlafplätze meist von mehreren Tieren genutzt. Und wo mehrere Tiere auf einer Stelle sind, kann es auch mal zu Auseinandersetzungen kommen. Mit Gequieke werden Sie dann darauf aufmerksam gemacht, dass man sich auf dem Dachboden nicht ganz einig ist.

Mit Steinmarder und Waschbär arrangieren

Ist einem das Tier und sein Verhalten nicht mehr fremd, fällt es einem auch leichter, einen Steinmarder oder einen Waschbären auf seinem Dachboden zu beherbergen und sich mit ihm zu arrangieren. Die kleinen Freunde könnten sich dafür erkenntlich zeigen und sich von Zeit zu Zeit einmal sehen lassen. Und so würde man dann zu den wenigen Menschen zählen, die einen Steinmarder oder einen Waschbären in freier Wildbahn zu Gesicht bekommen haben. Gemeint ist damit nicht das schemenhafte Vorbeihuschen, wie es gelegentlich auf der Straße zu sehen ist, sondern das Beobachten der Tiere bei der **Futtersuche** im eigenen Garten.

Während man einen Steinmarder von Zeit zu Zeit Rosinen als Leckerbissen hinlegen kann, würde ich von der Fütterung von Waschbären abraten. Denn im Gegensatz zu dem Steinmarder verlieren sie schnell ihre Scheu und können dann sehr aufdringlich werden. Dabei kann auch allerhand zu Bruch gehen, was eigentlich zur Verschönerung des Gartens gedacht war. Und wenn erst der Waschbär die Katzen- oder Hundeklappe benutzt, hat man ein ernsthaftes Problem. Deshalb sollten für Waschbären die Nahrungsquellen auf dem eigenen Grundstück eher reduziert werden.

Neben dem Absammeln von Fallobst und der sicheren Verwahrung von Lebensmittelresten in einer Biotonne statt auf dem Kompost, sollten Sie auch die Haustiere nicht mehr draußen füttern. Es empfiehlt sich, die eigenen Obstbäume vor dem Waschbären mit einem mindestens einen Meter hohen **Blechstreifen** zu sichern. Vielleicht haben Sie sich immer schon gewundert, warum Ihr Obstbaum diagonal verlaufende Kratzspuren am Stamm aufweist. Das ist ein sicheres Zeichen dafür, dass nicht nur Ihnen die Früchte schmecken, sondern auch dem Waschbären. Beim Klettern hinterlässt er dann diese typischen Kratzspuren. Aber damit nicht genug. Um sich mit Waschbären arrangieren zu können, sollten Sie auch die Nahrungsquellen sichern, die oft übersehen werden. Gemeint sind die Mülltonnen und die Gelben Säcke. Mülltonnen werden am besten fest verschlossen und auch mindestens einen halben Meter von Zäunen oder sonstigen Kletterhilfen entfernt abgestellt. In Kassel ist sogar ein spezielles Verschlusssystem für die Mülltonnen bei den Stadtwerken zu bekommen. Gelbe Säcke sollten am besten erst spät zur Abholung bereitgelegt und somit möglichst lange für die Waschbären unzugänglich aufbewahrt werden. So werden nicht nur den Waschbären Nahrungsquellen entzogen, sondern auch die Eigentümer entlastet, weil diese nicht mehr den von den Waschbären verstreuten Müll aufsammeln müssen.

Wer aber glaubt, dass der Waschbär durch diese Maßnahmen eher von dem eigenen Grundstück vertrieben wird oder sich nicht besonders wohlfühlt, dessen Verständnis für die Gesellen wird noch oft genug auf die Probe gestellt. Wenn mal wieder die Blumenbeete platt gedrückt und durchwühlt sind, Blumentöpfe umgekippt und eventuell zerbrochen wurden, Fische aus dem Gartenteich verschwinden und die Flachwasserbereiche kräftig umgekrempelt wurden oder der gut gepflegte Rasen wieder einmal kleine trichterförmige Löcher aufweist, weil der Waschbär hier nach Regenwürmern gesucht hat – kurzum, wer sich auf Waschbären als Untermieter einlässt, braucht häufig sehr viel Verständnis.

Reinigen von Kotplätzen

Werden Steinmarder oder Waschbären auf einem Dachboden willkommen geheißen, bleibt da oft noch das Problem mit dem Lärm und den Hinterlassenschaften. Zu dem Lärm sei gesagt, dass er von jedem anders empfunden wird und natürlich auch die Größe des Hauses und dessen Bauweise dabei eine Rolle spielt. Warum leben Menschen an stark befahrenen Straßen oder an der Bahn? Sie hören die Geräusche bald nicht mehr oder empfinden sie nicht mehr als störend. Könnte es uns nicht genau so gehen mit den Geräuschen der nächtlichen Schleicher?

Leider finden sich auf dem Dachboden, auf dem ein Steinmarder zu Hause ist, aber auch noch **Kotplätze** und Stellen, an denen **Nahrungsreste** liegen. Da der Steinmarder ein sehr reinliches Tier ist, werden immer dieselben Stellen aufgesucht. Diese Plätze können mit geringem Aufwand so eingerichtet werden, dass sie sich einfach reinigen lassen. Legt man zum Beispiel etwas Nässeundurchlässiges mit ein paar Lagen Zeitungspapier an den Ort, kann dieser ganz einfach gereinigt werden. Es empfiehlt sich jedoch, immer etwas Kot auf die neue Zeitung zu legen, damit die Toilette wieder gefunden wird. Der an solchen Plätzen auftretende Geruch lässt sich durch die regelmäßige Säuberung und der relativ guten Belüftung auf dem Dachboden in erträglichem Maß halten.

Zu dem Marder auf dem Dachboden sei noch erwähnt, dass diejenigen, die einen Marder auf dem Dachboden beherbergen, so gut wie nie Probleme mit dem Marderbiss am Auto haben, vorausgesetzt es steht jeden Abend in seinem Revier (siehe „Der Automarder", S. 55).

Sind Sie bereit, Waschbären bei sich zu beherbergen, sollten Sie wissen, dass Waschbärfähen mit aller Kraft ihres Gebisses und ihrer Krallen die Stabilität der Wurfhöhle von Zeit zu Zeit überprüfen. So stellen sie sicher, dass aus ihrer Wurfhöhle, die sich unter normalen Umständen in einem Baum befindet, keine Absturzgefahr besteht. Findet so eine „Bauwerksüberprüfung" aus gegebenem Anlass auf einem Dachboden statt, kann hierdurch ein nicht unerheblicher Schaden entstehen. Ein weiteres Problem ist der Waschbärkot und die Gefahr, sich selbst mit **Waschbärspulwürmern** zu infizieren. Zwar stellt eine regelmäßig gesäuberte **Waschbärlatrine** keine große Infektionsgefahr dar, weil ein etwa zwei Wochen alter Kot noch keine infektiösen Waschbärspulwurmeier enthält. Ein Restrisiko jedoch bleibt. Denn es ist kaum möglich, die Hinterlassenschaften restlos von jedem Untergrund zu entfernen. Aus diesem Grund ist bei der Reinigung der Latrine die Hygiene oberstes Gebot.

Um jedes Risiko auszuschließen, sollten Sie auf jeden Fall Einweghandschuhe benutzen und den Kot in fest verschlossenen Müllsäcken entsorgen. Leider gibt es für die Waschbärspulwurmeier kein wirksames Desinfektionsmittel und so müssen die verbleibenden Reste mit Einwegschwämmen oder -tüchern und heißem Seifenwasser aufgenommen werden. Das gesamte Einwegmaterial sollten Sie dann ebenso in einem festen Müllsack im Restmüll entsorgen.

Am sichersten wäre das Abflammen mit einem Bunsenbrenner oder ähnlichem Gerät. Das lässt sich aber leider nicht überall durchführen. Befindet sich die Waschbärlatrine außerhalb des Gebäudes, könnte vielleicht auf diese Möglichkeit zurückgegriffen werden. Von dem Gebrauch auf dem Dach-

boden würde ich aber aus Sicherheitsgründen strikt abraten.
Befindet sich eine Waschbärlatrine auf einem sandigen Boden, kann der Kot mit dem Sand bis zu einer Tiefe von etwa 5 bis 10 cm aufgenommen und entsorgt werden. Die hierbei benutzten Geräte werden anschließend mit kochendem Wasser desinfiziert. Auch wenn Sie Hilfsmittel benutzen, sollten Sie auf die eigene Hygiene achten und die Hände abschließend mit heißem Seifenwasser waschen.

Sind Sie trotz der auf Sie zukommenden regelmäßigen Arbeiten bereit, dem lustig anzuschauenden Gesellen Unterschlupf zu gewähren, sollten ihre Haustiere auf alle Fälle gegen Tollwut und Staupe geimpft und Kinder von den Bereichen, die von den Waschbären genutzt werden, ferngehalten werden.

Aber nicht jeder ist bereit, sich mit seinen ungewünschten Mitbewohnern zu arrangieren. Gehören Sie vielleicht zu der Personengruppe, die sich nicht vorstellen kann, mit einem Steinmarder oder einem Waschbären zusammenzuleben, weil Sie jetzt noch an dem Schlafdefizit der letzten Wochen leiden und auch an weiteren Augenringen kein Interesse haben? Oder liegen Sie seit einigen Tagen jede Nacht wach in Ihrem Bett, weil Sie jeden Moment mit dem Lärm über Ihrem Kopf rechnen, der von den nachtaktiven Gesellen stammt, wenn diese den Dachboden für ihre Streifzüge durch die Reviere verlassen oder Ihre gastfreundliche Herberge nach dem Streifzug wieder aufsuchen? Möglicherweise haben Sie auch damit ein Problem, dass Ihnen beim Betreten Ihres Dachbodens, den Sie als Lagerraum nutzen und auf dem Sie emsig bemüht sind Ordnung zuhalten, ein sehr starker Geruch von Hinterlassenschaften entgegenkommt. Und es platzt Ihnen schier der Kragen, wenn Sie sehen, dass auf den sorgsam von Ihnen eingelagerten Gegenständen eine Toilette eingerichtet wurde.
Sollte es Ihnen aus diesen oder ähnlichen Gründen nicht möglich sein, sich auf Ihren Untermieter einzustellen, auch weil mittlerweile Ihr persönliches Wohlbefinden unter der Anwesenheit des Mitbewohners leidet, ist es an der Zeit, ihren Besucher deutlich wissen zu lassen, dass er unerwünscht ist.

Die häufigsten Einstiegsstellen

Wie aber kommen Steinmarder oder Waschbären auf den Dachboden? Um dieses herauszufinden, sollten das gesamte Haus und dessen Umfeld einer gründlichen Inspektion unterzogen werden. Möglicherweise kann aus zufälligen Beobachtungen oder immer wiederkehrenden Geräuschen in einem bestimmten Bereich die Einstiegsstelle etwas näher eingegrenzt werden. Oft zeigen blank gelaufene oder gekletterte Stellen den Pass der Tiere. Ist es nicht möglich, durch entsprechende Beobachtungen eine Eingrenzung vorzunehmen, gehen Sie am besten systematisch vor.
Zunächst sollten Sie sich darüber im Klaren sein, dass eine gründliche Inspektion nicht in fünf bis zehn Minuten erledigt ist, sondern seine Zeit braucht. Es sollte daher mindestens eine Stunde einkalkuliert werden. Des Weiteren sollte eine Leiter zur Verfügung stehen, die einem zumindest einen Blick auf die unterste Dachpfannenreihe ermöglicht. Wurden die Grundvoraussetzungen geschaffen, fangen Sie am besten im Außenbereich mit Ihrer Inspektion an.

Bepflanzung und Anbauten

Bedenkt man, dass ein Steinmarder ein sehr guter Kletterer ist und bis zu 2 Meter weit und hoch springen kann, fallen einem eventuell gleich höhere **Bäume** mit herabhängenden Ästen oder zum Beispiel Lebensbäume, die direkt am Haus stehen, als Aufstiegshilfen ein. Der Waschbär ist genau wie der Steinmarder ein guter Kletterer, aber im Gegensatz zu ihm springt er nicht. So dienen ihm nur Pflanzen als Aufstieg, die bis auf das Dach reichen. Auch **Carports** oder dicht am Gebäude stehende **Geräteschuppen** können ideale **Kletterhilfen** sein. Ebenfalls können **Palisaden oder Mauern** in Richtung Haus als Aufstiegshilfen genutzt werden, um auf das Dach zu gelangen.
Auf dem Dach angekommen, haben die Tiere eine Reihe von Möglichkeiten, sich einen Weg in den

Dachboden zu suchen. Also sollte als Erstes versucht werden, die Tiere vom Dach fernzuhalten. Bei dem Rundgang um das Haus sollten Sie auch die Beete beachten: Finden sich dort eventuell Spuren oder ist hier vielleicht ein benutzter Weg zu erkennen?
Wurden die Bepflanzung und angrenzende Bauobjekte genau in Augenschein genommen, sollten Sie anschließend mit der Inspektion der Fassade des Gebäudes fortfahren.

Fassade

Ein oft genutzter Weg sind **Rankhilfen für Kletterpflanzen**, die an der Hauswand befestigt sind. Reichen dann die Pflanzen noch bis ans Dach oder sogar darauf, wurde hier ein wunderbarer Aufgang geschaffen. **Regenfallrohre** werden meist vom Waschbären zweckentfremdet und als Leiter genutzt. An ihnen sind dann gelegentlich Kinderhand ähnliche Abdrücke zu finden. Aber auch der Marder kann ein Regenfallrohr als Aufstieg nutzen. An den Fallrohren sind dann feine Kratzspuren zu erkennen, die von den Krallen des Marders herrühren. Im Idealfall kann man dem Klettergesellen, wenn der Pass ermittelt werden konnte, diesen Weg versperren. Leider muss man aber auch sagen, dass den Tieren vereinzelt die Fassade als Aufstiegsmöglichkeit reicht, wenn sie ihnen genügend Halt bietet, wie zum Beispiel **grobe Backsteinfassaden**. Ist der Pass nicht zu ermitteln, auf dem der ungebetene Gast sein Versteck aufsucht, aber ein bestimmter Verdacht besteht, können die eventuell angrenzenden Beete noch einmal frisch durchgeharkt werden, um so eventuelle Trittsiegel zu erhalten.

Mit etwas Glück fällt eine Inspektion in die hierfür vorteilhafte Winterzeit, wenn im frisch gefallenen Schnee die Spuren bis auf das Dach genauestens verfolgt werden können. Wenn Sie nicht so viel Glück haben, erschaffen Sie sich mit etwas Sand an den richtigen Stellen (an denen der Aufstieg der Tiere vermutet wird) einen „Schneeersatz", um mögliche Spuren deutlich zu erkennen.

Schadstellen am Dach sind potenzielle Einstiegsstellen.

Ist der Pass des Steinmarders oder des Waschbären nun kein Geheimnis mehr, besteht höchstwahrscheinlich auch eine Möglichkeit, die Gesellen daran zu hindern „Ihnen aufs Dach zu steigen". Wurden der Bewuchs und die Fassade genauestens untersucht und weist sonst die Fassade keine Mauerlöcher oder andere größere Defekte auf, wendet man sich jetzt dem Dach zu.

Dach

Aus einiger Distanz lässt sich manchmal schon die eine oder andere Einstiegspforte erkennen. Sind alle **Dachfenster** in Ordnung sowie auch die **Ausstiegsluke** für den Schornsteinfeger? Diese wird auf dem Dach oft so eingesetzt, dass sie nicht gleich ins Auge fällt. Sind hier keine Beschädigungen zu erkennen, sollte anschließend die gesamte Deckung auf Schäden hin begutachtet werden. Sitzen alle **Dachpfannen** an ihrem Platz oder ist eine eventuell verschoben, beschädigt oder fehlt sogar ganz? Manchmal kommt man an diesem Punkt der Inspektion an einer Leiter nicht vorbei, denn wenn ein paar Dachpfannen oder ein Bereich der Deckung nicht vollständig eingesehen werden können, sollte man sich die Mühe machen und eine Leiter zur Hand nehmen, um sich einen Einblick zu verschaffen. Auch wenn es sich um einen noch so kleinen Bereich handelt, der nicht

Kratzspuren eines Marders auf einer Blechkehle

Auf dem Dach liegendes Isoliermaterial zeigt eine Einstiegsstelle an.

einzusehen ist, und man gern darüber hinweggehen würde – nicht selten liegt das Problem genau an dieser Stelle und wurde deshalb bis jetzt noch nicht entdeckt.

Besonderes Augenmerk sollten Sie auf die letzte Dachpfannenreihe oder auf den untersten Rand der Deckung richten. Der Steinmarder benötigt nur einen Einstieg von 6 bis 8 cm Durchmesser, um einem in der Nacht den Schlaf zu rauben. Als Faustformel gilt: Kann die Hand durch die Öffnung gesteckt werden, kommt der Marder auch hindurch.

Die unterste Dachpfannenreihe sollte auf ihren festen Sitz hin überprüft werden. Lassen sich die Dachpfannen leicht anheben? Oder ist eine besonders locker und eventuell verschoben? Genauestens begutachtet werden sollte hier die **Abschlusspfanne** zum Giebel oder zur Dachkehle, vom Dachdecker Ausspitzer genannt, die öfter mal einen kleinen Spalt nach unten offen lässt.

Haben Sie am Haus hin und wieder einmal Isoliermaterial oder Moosstücke an ein und derselben Stelle gefunden? Vielleicht haben Sie genau darüber im Dach den Einstieg. Es könnte sein, dass der Steinmarder oder der Waschbär beim Einstieg Moos vom Dach löst oder beim Herausklettern Isoliermaterial mit sich zieht, was dann immer an der gleichen Stelle zu finden ist.

Ist mit der Deckung alles in Ordnung, wäre der nächste Schritt, die **Bleieinfassungen**, wie sie zum Beispiel an den Gauben oder dem Schornstein angebracht sind, auf Beschädigungen und korrekten Sitz hin zu überprüfen. Bei den Bleieinfassungen und **Blechkehlen** sollten Sie auf Auswölbungen achten, die vermuten lassen, dass sich ein Waschbär oder Marder darunter durchgezwängt hat. Ein Hochbiegen der Einfassungen stellt für die beiden Experten kein Problem dar. Auch sollte man speziell auf die Übergänge von Bleieinfassungen bzw. Blechkehlen, Ortgang (Abschluss der Dachkante) und Traufbereich achten, wie sie zum Beispiel bei Gauben entstehen. Hier kann ich aus eigener Erfahrung sagen, dass genau an dieser Stelle sehr häufig das Problem liegt. An den Bleieinfassungen oder Blechkehlen lassen sich dann oft feine Kratzspuren finden, die der Steinmarder hinterlässt, wenn er sich durch das Loch auf den Dachboden zwängt.

Häufig wird allerdings bei Häusern, die **verblendete Regenrinnen** besitzen, übersehen, dass hier dem Steinmarder oft ausreichend Platz gelassen wird, um in die Verkleidung und dann unter das Dach zu schlüpfen. Der Waschbär hingegen braucht häufig nicht einmal unter die Deckung zu schlüpfen, denn gerade der Schornstein ist für Waschbären ein sehr beliebter Schlafplatz und wird auch gern als Wurfhöhle genutzt.

Aussperren von Steinmarder und Waschbär

Haben Sie bei der Inspektion den möglichen Pass der Tiere oder den Einstieg entdeckt, können Sie sich mit etwas handwerklichem Geschick an die Arbeit machen und den Schlafräuber aussperren. Oft reichen einfachen Maßnahmen aus, um Steinmarder und Waschbär den Zugang zu versperren oder sie daran zu hindern, auf Ihr Dach zu gelangen. Sind Sie nicht so sicher auf einer Leiter und haben auch noch nie eine Dachpfanne herausgenommen, kurzum, trauen Sie sich die Arbeit nicht zu, sprechen Sie mit einem Dachdecker Ihres Vertrauens. Sie werden sehen, auch ihm sind die Probleme keineswegs neu. Haben Sie im Vorfeld schon den Einstieg gefunden oder konnten ihn stark eingrenzen, wird der Dachdecker auch nicht lange für seine Arbeiten benötigen und die Kosten bleiben gering.

Bepflanzung und Anbauten

Wurden bei dem Rundgang um das Haus Bäume mit herunterhängenden Ästen zum Dachbereich entdeckt, sollten diese gestutzt werden. Bei einigen Baumarten ist es auch möglich, einen „**Marderkragen**" am Stamm zu befestigen. Diese Methode erfüllt allerdings nur ihren Zweck, wenn der Stamm astfrei ist und in unmittelbarer Nähe auch keine weiteren Bäume stehen, damit er nicht „umklettert" werden kann. Auch sollte der Kragen in mindestens einer Höhe von etwa zwei Metern angebracht werden. Befinden sich allerdings Pflanzen am Gebäude, bei denen ein Kappen von einigen Ästen kaum einen Effekt erzielen würde, wie zum Beispiel bei einem Lebensbaum, muss man sich wohl oder übel mit dem Gedanken tragen, ob es einem die Sache wert ist, diesen Baum zu entfernen.

Müssen bei einem Steinmarder die Äste aufgrund seines Sprungvermögens erheblich gekappt werden, reicht es bei einem Waschbären aus, wenn zwischen dem Ast oder Baum und dem Dach etwa ein Meter Abstand liegt, da er nur klettert und nicht springt. Allerdings lässt er sich nicht von einem Marderkragen, der um einen Baum gelegt wird, aufhalten. Bei Mauern oder Palisaden besteht die Möglichkeit, sie oben so zu bestücken, dass ein Belaufen dieses Passes dem Steinmarder in schlechter Erinnerung bleibt. Man kann sich zunutze machen, dass der Marder ungern auf Gegenstände tritt, die sich bewegen. So lassen sich zum Beispiel **Drahtspiralen**, wie sie für die Vogelabwehr üblich sind, auf der Mauer oder Palisade befestigen.

Der Marder würde von der sich bei Berührung stark bewegenden Spirale abgeschreckt werden. Von dieser Maßnahme lässt sich aber ein Waschbär nicht wirklich beeindrucken, sodass in einer solchen Situation eventuell nur das Befestigen eines Elektrozauns helfen könnte. Dieser würde dem Tier, das diesen Weg benutzen möchte, einen ungefährlichen Stromschlag versetzen. Da Steinmarder und auch Waschbären einen so erlittenen Stromschlag nicht so schnell vergessen, wäre dieser Unterschlupf nach einem solchen Erlebnis von den „Top Ten" der Tagesverstecke gestrichen. **Elektrozäune** bieten sich auch an, wenn es sich um größere Flächen handelt wie bei Carports oder Geräteschuppen. Bei der Installation müssen Sie darauf achten, dass der Klettermaxe den Zaun nicht überspringen oder umgehen kann. Der Einsatz von Elektrozäunen wird später im Kapitel „Vergrämung von Steinmarder und Waschbär" (S. 47) genauer beschrieben.

Wurden in der Grünanlage alle Gegenmaßnahmen getroffen und auch Anbauten gesichert, kann man sich der Fassade widmen.

Fassade

Wenn auf dem Dachboden wieder Ruhe einkehren soll, darf man sich auch nicht davor scheuen, lang gehegte Kletterpflanzen zurückzuschneiden und die Rankhilfen zu kürzen. Außerdem bieten stark bewachsene Fassaden vielen ungeliebten Tierchen die Möglichkeit, einen zu besuchen. Regenfallrohre, an denen eventuell Kratzspuren von Steinmardern gefunden worden sind, können mit einem Marderkragen oder Drahtspiralen gesichert werden. Die Marderkragen oder Drahtspiralen sollten auf dem letzten Drittel um das Fallrohr angebracht werden. Einige meiner Kunden hatten auch gute Erfolge mit Kaninchendraht, den sie um die Fallrohre gewickelt hatten. Wie bereits erwähnt, würde ein Marderkragen einen Waschbären nicht davon abhalten, auch

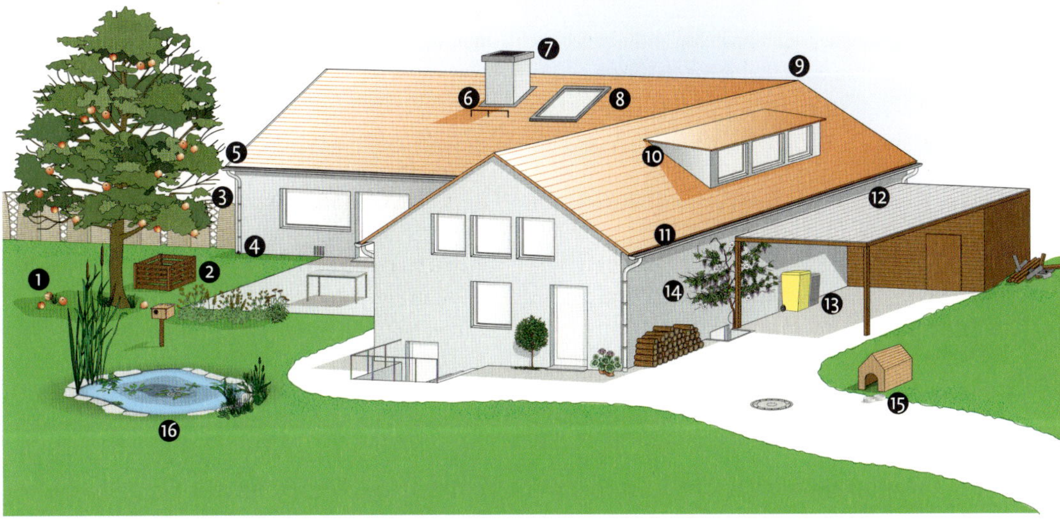

1 Fallobst
2 Komposthaufen als Nahrungsquelle
3 Palisaden / Mauern zum Haus
4 Fallrohre als Aufstiegsmöglichkeit
5 Bäume / Äste am Haus
6 Einfassung am Schornstein
7 Schornstein als Wurfhöhle
8 Defekte Dachfenster und Deckung
9 Schnittstellen am Dach
10 Gauben
11 Fehlendes Traufgitter
12 Carport oder Geräteschuppen am Haus
13 Gelber Sack / Bio- oder Mülltonnen
14 Bewuchs an der Hauswand und dessen Rankhilfen
15 Tierfutter und dessen Bevorratung
16 Gartenteiche / Fischfutter und Besatz

Ein Haus bietet viele Schwachstellen, die von Steinmarder und Waschbär genutzt werden.

das Fallrohr als Aufstiegshilfe zu nutzen. Im Gegenteil, ein Marderkragen kann von ihm überwunden werden und dient dann nicht selten als Ruheplatz vor dem weiteren Aufstieg.

Um einen Waschbären davon abzuhalten, an einem Regenrohr emporzuklettern, muss leider etwas mehr Aufwand betrieben werden. Erfolg versprechende Maßnahmen wären zum einen die Installation eines Elektrozauns (siehe Kapitel „Vergrämung von Steinmarder und Waschbär“, S. 47), der ganz dicht an dem Fallrohr nach oben geleitet und eventuell über eine Zeitschaltuhr gesteuert wird, sodass er nur gegen Abend und in der Nacht eingeschaltet ist. Die zweite Möglichkeit ist die **Sicherung des Regenfallrohrs** mit einem glatten Blech. Das Blech sollte in etwa 30 cm Höhe um das Fallrohr gebogen werden, sodass sich das Blech förmlich um das Fallrohr schmiegt. Die weiteren Abmessungen des Bleches sollten etwa einen Meter Höhe und einen Meter Breite nicht unterschreiten. Bei der Montage sollten Sie besonders darauf achten, dass Schrauben zur Befestigung des Bleches nur oben und unten angebracht werden und dass die Schraubenköpfe mit dem Blech eine glatte Oberfläche bilden (Senkkopfschrauben).

Auch wenn Sie glauben, dem Marder und dem Waschbären alle Wege zum Dach verbaut zu haben, sollten Sie auf keinen Fall darauf verzichten, die Einschlupfstellen am Dach zu verschließen.

Dach

Wurden im Dachbereich Öffnungen festgestellt, durch die ein Steinmarder unters Dach schlüpft, können sie am besten mit **Maschendraht** verschlossen werden. In einigen Fällen ist auch ein stabiles Brett denkbar. Bei dem Maschendraht ist darauf zu achten, dass eine Maschenweite von 1 bis 2 cm nicht überschritten wird. Jetzt kommt der Handwerker zum Einsatz, wenn es heißt, den Maschendraht an den Dachlatten oder den Dachsparren zu befestigen. Für Grenzbereiche, wie sie bei der letzten Dachpfannenreihe auftreten (wenn diese nicht besonders festsitzt und es sich nicht sagen lässt, ob der Spalt für einen Marder ausreicht oder nicht), können durch relativ wenig Aufwand **Traufgitter** auf den Traufbalken installiert werden. Sie sind als Meterware zu günstigen Preisen beim Dachdecker erhältlich. Eingesetzte Traufgitter, die die Pfannenwölbung ausfüllen, halten nebenbei noch andere ungebetene Gäste wie Mäuse, Ratten oder Vögel fern. Auch können lose Dachpfannenreihen mit **Windhaken** vor einem Hochdrücken gesichert werden. Wenn einem ein Marder immer wieder die Bleieinfassungen oder Blechkehlen hochbiegt, um darunter durchzuschlüpfen, könnten diese mit der Deckung verklebt werden, damit ihm der Weg versperrt wird.

Wollen Sie jedoch einen Waschbär aus dem Haus aussperren, besteht mit dem Verschließen der Einschlupföffnung die Gefahr, dass der Waschbär die eventuell zum Verschließen angebrachten Bretter zerbeißt oder zerkratzt. Außerdem kann es sein, dass der Waschbär sich einen anderen Einstieg schafft und so noch mehr Schaden am Dach anrichtet, wodurch in ungünstigen Fällen auch erheblicher Wasserschaden verursacht werden kann.

Der Zugang zum Schornstein, der von Waschbären gern als Tagesversteck aufgesucht wird, kann mit einem Metallgitter leicht versperrt werden. Das **wegklappbare Metallgitter**, das als Zubehör im Fachhandel erhältlich ist, wird einfach auf dem Schornsteinkopf aufgeschraubt. Fragen Sie Ihren Schornsteinfeger oder Firmen, die sich auf die Schornsteinsanierung spezialisiert haben. Sie helfen Ihnen bestimmt gern weiter.

Einer Waschbärfähe, die in ihrem Versteck Jungtiere aufzieht, kann man es am Tage ganz gezielt mit Klopfen oder gezieltem Hineinleuchten in das Versteck ungemütlich machen. Kommt man ihr allerdings dabei zu nahe, sollte man sich auf Scheinangriffe gefasst machen. Eine Fähe, die in ihrem Versteck derartig gestört wird, könnte aber schon in der nächsten Nacht mit ihren Jungen ausziehen.

Denken Sie stets daran, dass Steinmarder und Waschbär **dämmerungs- und nachtaktiv** sind und tagsüber in ihren Verstecken liegen. So ist es demnach gut möglich, dass die Tiere auf dem Dachboden eingesperrt werden, wenn man die Arbeiten am Tage durchführt. Aus diesem Grund wird oft empfohlen, die Öffnungen in der Nacht zu verschließen, damit die Tiere wirklich ausgesperrt und nicht eingesperrt werden.

Grundsätzlich würde ich aber aus Sicherheitsgründen niemandem raten, nachts auf oder an seinem Dach herumzuwerkeln. Besser ist es, die Arbeiten am Tage durchzuführen, und zwar dann, wenn Steinmarder oder Waschbär in der vergangenen Nacht nicht gehört wurden. Da beide Tiere von Zeit zu Zeit ihr Tagesversteck wechseln, sollte dieser Wechsel abgepasst werden. Beim Waschbären kann dies auch täglich geschehen. Trotzdem kann es passieren, dass versehentlich der Geselle eingesperrt wird und in der darauffolgenden Nacht bei seinem „Ausbruchversuch“ mehr Krach veranstaltet, als Sie es von dem Untermieter gewohnt sind. Möchte man das eingesperrte Tier nicht verhungern lassen, muss man wohl oder übel wieder eine Stelle öffnen und die Arbeit an einem anderen Tag wiederholen. Sind Waschbär oder Steinmarder erst einmal eingesperrt, können sie bei ihren Befreiungsversuchen einen erheblichen Schaden anrichten.

Auch wenn Sie jetzt vielleicht dazu neigen, die Tiere ihrem Schicksal zu überlassen, kann davon nur tunlichst abgeraten werden. Wenn ein Marder oder Waschbär auf dem Dachboden verhungert, kann dies zu extremen Verwesungsgerüchen führen, was man sich besser ersparen sollte. Vor allem aber wird dem Tier dadurch erhebliches Leid zugefügt, was ein großer Verstoß gegen das Tierschutzgesetz ist.

Bevor Sie übereilt bauliche Maßnahmen ergreifen, sollten Sie bedenken, dass eine Steinmarderfähe von März bis Juni und die Waschbärfähe von April bis Juni Jungtiere im Nest oder in der Wurfhöhle hat. In dieser Zeit muss auf das Verschließen der Öffnungen verzichtet werden, damit die Jungtiere nicht dem Hungertod preisgegeben werden.

Vergrämung von Steinmarder und Waschbär

Wenn der Punkt erreicht wurde, an dem auch trotz der Sicherung aller vermeintlichen Aufstiegsstellen zum Dach und das Verschließen aller möglichen Einstiegstellen noch keine Ruhe eingekehrt ist, bleibt einem meist nur noch der Einsatz von Vergrämungsmittel, also das Vertreiben durch physikalische oder chemische Maßnahmen.

Chemische Vergrämungsmittel

Das sogenannte **Repellent** soll den Marder sowie auch den Waschbären durch seinen Geschmack oder auch seinen Geruch vertreiben, ohne dem jeweiligen Tier zu schaden.

Der Gedanke, dem sich auf dem Dachboden versteckenden Tier seinen Aufenthalt so unangenehm wie möglich zu gestalten, ist nicht neu. Und so gibt es eine Reihe von Hausmitteln, die bei einem unerwünschten Untermieter eingesetzt werden und ihn vertreiben sollen. Neben Schälchen mit menschlichem Urin (der allerdings täglich gewechselt werden muss) und den von mir immer wieder auf dem Dachboden gefundenen Mottenkugeln und Hundehaaren zählen auch die WC-Steine zu den bekannten Hausmitteln.

Bei all diesen Mitteln können jedoch verschiedene Probleme auftreten. So hat beispielsweise auch der größte Hund nur eine begrenzte Anzahl von Haaren und somit sind Hundehaare oft nicht in erforderlichen Mengen zu beschaffen. Auch verfehlen sie nicht selten ihre erhoffte Wirkung, weil sowohl Steinmarder als auch Waschbär den Hund zwar wittern können, aber genau wissen, dass ihnen auf dem Dachboden durch den Hund keine Gefahr droht.

Bei Mottenkugeln und WC-Steinen ist erfahrungsgemäß das Problem, dass aus Kostengründen nur wenige auf den gut belüfteten Dachboden ausgelegt werden, die dann kaum den ihnen zugedachten Zweck erfüllen können. Oft werden WC-Steine noch zerstoßen, um ihre Oberfläche zu vergrößern und somit die Wirkung zu erhöhen. Der Dachboden erhält so das charmante Flair einer Bahnhofstoilette, was nicht selten in eher mäßig isolierten Altbauten in den darunter liegenden Wohnbereichen kein Entzücken hervorruft.

Der sich in diesem Bereich anbietende Markt wurde von einer Reihe von Firmen entdeckt, die jeweils ihr spezielles Repellent in den entsprechenden Geschäften anpreisen. Und so stehen einem geplagten Zweibeiner eine ganze Reihe der unterschiedlichsten Repellents zur Verfügung. Die Wirkung der Mittel wird auf den Verpackungen durch **Geruchs-, Geschmacks- und Bitterstoffe** angegeben, die angewendet in **Schaum**, **Pasten**, **Pulver**, **Granulat**, **Stäbchen**, **Körbchen** oder **Sprays** ihre Wirkung entfalten.

Während Pasten und Schaum eher von Jägern verwendet werden, sind für den „normalen Hausgebrauch" meist Pulver, Granulate und Sprays erhältlich. Einige Pulver können wiederum in Wasser aufgelöst und dann versprüht werden. Die auf den Verpackungen aufgeführten Inhaltstoffe bestehen entweder aus **ätherischen Ölen** oder aus **Mineralsalzen**. Beide sind absolut unbedenklich und hinterlassen keine bleibenden Schäden an den Tieren.

Ein weiterer Inhaltsstoff, der in der Regel in Schaum und Pasten zu finden ist, basiert auf den **Geruchsbestandteilen von Wolf**, **Luchs**, **Bär und sogar dem**

Chemische Vergrämungsmittel

Menschen. Ein auf dieser Basis wirkendes Repellent wird an mehreren Stellen in dem zu schützenden Bereich ausgebracht und verbreitet so die für den Waschbären oder Steinmarder Gefahr verheißende Witterung.

Repellents, deren Basis auf ätherischen Ölen oder Mineralsalzen besteht, werden gemäß ihrer Anwendungsbeschreibung an vielen Stellen, die oft nur ein bis zwei Meter auseinander liegen, flächendeckend am besten in kleinen Schälchen oder Tellern auf dem gesamten Dachboden ausgebracht. Zusätzlich können sie an den Einstiegs- und Durchschlupfstellen sowie an den Fress- und Kotplätzen ausgestreut werden. An diesen Stellen können auch sehr gut Sprays verwendet werden, die für einen geräumigen Dachboden eher beschwerlich in der Anwendung erscheinen. Sprays hinterlassen nach dem Abtrocknen einen feinen, gleichmäßigen Rückstand der Inhaltsstoffe auf dem besprühten Untergrund. Diese Inhaltsstoffe können den Tieren entweder in die Nase steigen oder sich bei dem Belaufen der Flächen im Fell festsetzen. Ein in dieser Art behandelter Dachboden kann für die feine Nase des Steinmarders sowie auch für den Waschbären eine wahre Herausforderung sein. Ein Repellent kann übrigens ebenso bei Waschbären wirken, auch wenn diese Tierart bei der Beschreibung der Präparate bezüglich ihrer Wirksamkeit fast nie erwähnt wird.

Die Geschmacksstoffe kommen zum Tragen, wenn die Tiere bei der Passage der Durchschlupf- oder Einstiegsstellen oder bei dem Belaufen der Fress- und Kotplätze feine Partikel ins Fell bekommen und diese bei der Fellpflege aufnehmen. Bei dem stark unangenehmen Geschmack, der dann bei der Fellpflege auftritt, sollte es einen sehr wundern, wenn das Tagesversteck weiterhin zu den Favoriten zählt.

Bei der Entscheidung, einen betroffenen Bereich mit Repellets in dieser Form unattraktiv zu gestalten, sollten Sie zunächst überlegen, ob das Repellent auch überall auf dem Dachboden verteilt werden kann. Denn meist weisen gerade verwinkelte Häuser im Dachbodenbereich Engpässe auf, die von uns Menschen nur sehr mühsam bezwungen werden können. Auch sind längst nicht alle Dachbodenbereiche begehbar. Weiterhin sollten Sie bedenken, dass ein Repellent einem natürlichen Abbauprozess unterliegt und somit regelmäßig erneuert werden muss. Gerade dieses kann sich auf größeren Dachböden und auf längerer Sicht sehr kostenintensiv gestalten. So kann es durchaus sein, dass ein vorerst teures, physikalisches Vergrämungsgerät auf längere Zeit betrachtet doch das günstigere ist.

Elektrogeräte

Eine weitere Option, die nächtlichen Aktionen auf dem Dachboden ein für alle Mal zu beenden, stellt die Installation von Elektrogeräten oder -zäunen dar. Werden sie passend zum Objekt und zu dem zu vertreibenden Tier ausgewählt, sollte der wohlverdiente Schlaf nicht mehr in Etappen stattfinden.

Setzt man sich mit dem Thema elektrische Vergrämungsgeräte auseinander, kann es einem schnell passieren, dass man von der Produktvielfalt förmlich erschlagen wird. Elektrische Vergrämungsgeräte, mit denen unter anderem die **Ultraschallgeräte** gemeint sind, genießen zusätzlich vielerorts einen recht zweifelhaften Ruf und werden von Betroffenen daher erst als zweite oder dritte Wahl in Erwägung gezogen. Und **Elektrozäume** sind doch eher etwas für die Kuhweide und nichts für den heimischen Garten, oder? So oder ähnlich hören sich die Reaktionen an, wenn die Idee entwickelt wird, einen Elektrozaun am Gebäude zu installieren, oder es wird einem nur ein mitleidiges Lächeln geschenkt. Dabei können richtig installierte Elektrozäune sehr effektiv sein und schon in der darauffolgenden Nacht für Ruhe sorgen.

Das Misstrauen gegenüber dem Ultraschallgerät ist vielfach der Grund, weshalb anstelle eines Ultraschallgerätes oft ein alt bekanntes Hausmittel auf dem Dachboden zum Einsatz kommt – das Radio. Und anstelle des Rumgepolters wird jetzt mit Marschmusik dem Störenfried der „Marsch geblasen“. Nur leider sollte ein Radio in den frühen Morgenstunden spielen, am besten kurz vor Sonnenaufgang, um unerwünschte Tiere vom Dachboden fernzuhalten. Sicherlich muss man nicht jeden Morgen selbst auf den Dachboden steigen, um das Radio in Betrieb zu nehmen, wenn die Spielzeit über eine Zeitschaltuhr geregelt ist. Aber besteht denn

Ultraschallgerät auf dem Dachboden

da ein großer Unterschied, ob einen der Steinmarder oder der Waschbär kurzzeitig aus dem Schlaf holt oder die Sänger der Volksmusik?

Warum genießen Ultraschallgeräte eigentlich oft einen zweifelhaften Ruf? Sicherlich liegt es daran, dass viele Geräte zu Schnäppchenpreisen auf dem Markt angeboten werden und bei Weitem nicht das halten, was ihre Werbung verspricht. So fallen viele Käufer, die sich Hilfe von einem dieser Ultraschallgeräte erhoffen, auf die angepriesenen Leistungen herein. Selbst gute Geräte können, wenn sie falsch angebracht oder für die Größe der Grundfläche nicht konzipiert wurden, die ihnen zugedachte Leistung nicht erfüllen.

Ultraschall liegt außerhalb des Hörbereichs des Menschen, dessen Obergrenze von 20 000 Hertz (bei Kindern) bis auf 5000 Hertz (im hohen Alter) herabsinkt. Aufgrund dieser Tatsache können schon die ersten Geräte, die sich auf dem Markt tummeln, aussortiert werden. Ist es uns nämlich möglich, das Scheuchgeräusch zu hören, handelt es sich nicht um Ultraschall. Der für ein wirksames Verscheuchen von Störenfrieden interessante und für uns Menschen unhörbare Frequenzbereich liegt **zwischen 20 000 und 40 000 Hertz (20 bis 40 kHz)**. Der Frequenzbereich und der von dem Gerät hervorgerufene Schalldruck oder – verständlicher ausgedrückt – die Lautstärke, entscheiden über einen Sieg oder eine Niederlage. Untersuchungen, die von dem ADAC durchgeführt wurden, ergaben, dass Geräte, die einen **Schalldruck von etwa 100 dB** erzeugten, auch eine zufriedenstellende Scheuchwirkung besaßen. Und anhand dieser Erkenntnis kann das Feld der infrage kommenden Ultraschallgeräte weiter eingegrenzt werden.

Auch wenn also schon länger bekannt ist, dass es unter anderem auf den von den Geräten erzeugten Schalldruck ankommt, sucht man auf einigen Verpackungen nach einer solchen elementaren Angabe vergeblich. Leider sind auch Geräte auf dem Markt, die den Schalldruck mit 110 dB angeben, aber diesen bei Weitem nicht erreichen. Skeptisch hinterfragen sollten Sie auch Hinweise, die eine Sicherung von Dachböden von mehreren hundert Quadratmetern angeben.

Genauso, wie es sich in unserem Hörbereich verhält, ist es auch im Ultraschallbereich. Laute Geräusche können von uns als sehr störend empfunden werden. Entfernen wir uns allerdings von der Lärmquelle, wird sie mit zunehmendem Abstand erträglicher. So lässt auch eine von einem Ultraschallgerät erzeugte Scheuchwirkung mit zunehmendem Abstand nach.

Schwierigkeiten tauchen erfahrungsgemäß immer dann auf, wenn ein Ultraschallgerät auf einem Dachboden aufgestellt werden soll, der von dessen Besitzern als Lagerraum benutzt wird und aus diesem Grund mit allerlei Gegenständen verstellt ist. Der sehr kurzwellige Ultraschall wird von Gegenständen sowie Isolierungen und Rigipsplatten gedämpft bzw. völlig „geschluckt". So könnte vor einem Geräteeinsatz eventuell erst eine Umräum- oder Entrümpelungsaktion sinnvoll sein, damit der Dachbodenbereich ohne Hindernisse beschallt werden kann. Bei größeren Böden oder Speichern kann es durchaus erforderlich sein, mehrere Geräte einzusetzen, damit die **Scheuchwirkung** in jeder Ecke des Raums gleich groß ist. Dieses ist auch bei Winkelbungalows und verschachtelten Dachkonstruktionen notwendig.

Neben der Möglichkeit, zwei oder mehrere Geräte des gleichen Typs einzusetzen, werden auch Basisgeräte angeboten, an denen mehrere kleinere Satelliten (kleinere Lautsprecher zur Erzeugung eines Ultraschalls) angeschlossen werden können. Über das zentral aufgestellte Basisgerät lassen sich dann die Satelliten, die in den großräumigen oder eventuell schwer erreichbaren Stellen des Dachbodens installiert wurden, steuern.

Wurde der gewünschte Erfolg erzielt und der pelzige Unruhestifter lässt sich auf dem Dachboden nicht mehr hören, stellt sich bei vielen die Frage, ob das Ultraschallgerät überhaupt noch und wenn ja, wie lange noch, betrieben werden muss. Grundsätzlich werden sich verscheuchte Tiere, die wissen, dass sich in einem Gebäude ein ideales Versteck befindet, von Zeit zu Zeit wieder blicken lassen, insbesondere wenn sie dieses Versteck schon über eine längere Zeit genutzt hatten. Stellen sie dabei fest, dass die Geräuschquelle noch nicht verstummt ist, werden sie wieder das Weite suchen. Dieses Verhalten erklärt, dass trotz Ultraschallgerät in meist immer länger werdenden Abständen für kurze Zeit ein Gepolter vernommen werden kann. Daher kann ich nur dazu raten, ein aufgestelltes Ultraschallgerät, das erfolgreich arbeitet und sowieso keinen nennenswerten Stromverbraucht hat, in Betrieb zu lassen.

Weil Ultraschall Isolierungen oder Wand- und Deckenverkleidungen nicht durchdringen kann oder sie nur zum Teil passiert, kann die Wirkung erheblich nachlassen, wenn sich das zu verscheuchende Tier genau dahinter aufhält. Gleichzeitig jedoch erklärt sich dadurch eine häufig gestellte Frage nach dem Einfluss des Ultraschalls auf die Haustiere. Da sich diese in den häufigsten Fällen in der Wohnung aufhalten und der Ultraschall diverse Wand- oder Deckenverkleidungen sowie Isolierungen kaum überwinden kann, werden die Haustiere nicht belästigt.

Anders ist es jedoch, wenn Ultraschallgeräte zum Schutz des Eigentums in Carports oder Fahrzeugen installiert werden. Hier können die Haustiere die von den Geräten erzeugten Töne sehr wohl wahrnehmen und werden in aller Regel einen großen Bogen um die Geräuschquelle machen. Ultraschallgeräte, die in Fahrzeugen installiert wurden, besitzen außerhalb des Motorraums kaum noch eine Scheuchwirkung, weil der Ultraschall durch die Bauteile des Motors, insbesondere auch durch die Motorraumdämmung, gemindert wurde. Geräte, die jedoch in einem Carport installiert wurden, sollen diese Scheuchwirkung rund um ein Fahrzeug bewusst erreichen. Zu diesem Zweck wurden Ultraschallgeräte für den Außenbereich entwickelt und von entsprechenden Firmen angeboten. Die in einem Carport verwendeten Geräte sollten, wenn möglich, über einen integrierten Bewegungs- oder Thermomelder verfügen. Dann setzen sie sich erst in Betrieb, wenn sich ein zu verscheuchendes Tier in der Nähe befindet. Somit wird auch eine permanente Beschallung des Grundstückes vermieden. Da Haustiere sehr gelehrig sind, werden sie sehr schnell herausbekommen, in welchem Bereich sie die Lärmquelle aktivieren, und diesen meiden.

Neben den Ultraschallgeräten bieten auch **Elektrozäune** einen effektiven Schutz vor ungebetenen Besuchern. Nur lassen sie sich nicht immer überall installieren. Aber mit etwas Einfallsreichtum und bastlerischem Geschick können Aufstiegsstellen mit Elektrozäunen dauerhaft gesichert werden. Elektrozäune beziehen ihre Energie für den Reizstrom aus den **Weidezaungeräten**, die sowohl mit Batterie, Akku oder auch mit einem herkömmlichen Stromanschluss betrieben werden. Weidezaungeräte sind kaum größer als eine Autobatterie und lassen sich dadurch auch in kleineren Geräteschuppen oder Carports problemlos unterbringen. Über Isolatoren wird dann die Drahtlitze oder auch ein breiteres Band zu den Problemstellen geführt. Durch sie wird der Reizstrom geleitet.

Gerade zur Vertreibung von Waschbären kann ein Elektrozaun sehr gut eingesetzt werden. Da Waschbären sich häufig des Regenwasserfallrohrs am Haus bedienen, haben Drahtlitzen von Elektrozäunen, die dicht links und rechts neben dem Fallrohr zum Dach geleitet werden, schon erstaunliche Ergebnisse erzielt. Eine derartige Sicherung der Fallrohre stellt auch einen weniger versierten Heimwerker vor nicht allzu große Probleme. Denn Isolatoren zur Drahtaufnahme sind in verschiedenen Varianten erhältlich, sodass Sie bestimmt

auch ein passendes Modell für das eigene Problem finden.
Wird der Elektrozaun über Isolatoren von Fallrohr zu Fallrohr geführt, sollte das aus Sicherheitsgründen im Dachbereich geschehen, damit auch wirklich nur die Problemtiere den Reizstrom zu spüren bekommen und nicht etwa die Katze des Nachbarn. Ebenfalls empfiehlt es sich, Weidezaungeräte zu benutzen, die an das Stromnetz angeschlossen werden. Diese Geräte sind wartungsfrei und garantieren auch in Abwesenheit (zum Beispiel im Urlaub) einen ausreichenden Reizstrom. Weiterhin bieten sie den Vorteil, dass sie über eine Schaltzeituhr gesteuert werden können und somit der Draht tagsüber keinen Strom führt.

Gerade wenn sich Kinder und Haustiere auf dem Grundstück aufhalten, ist eine Schaltzeituhr sehr empfehlenswert. Je nach Erfindergeist lassen sich durch Elektrozäune die verschiedensten Bereiche dauerhaft sichern.

Der Fallenfang

Wenn das nur so einfach wäre! Oft erreichen mich Anrufe von Personen, die in ihrem Umfeld einen Marder oder einen Waschbären vermuten. „Können Sie nicht einmal kurz vorbeikommen, eine Falle aufstellen und das Tier einfangen?“ So oder ähnlich hören sich die Wünsche der betroffenen Personen an. Aber gerade der Fallenfang, der im ersten Moment so einfach erscheint, ist es bei genauerer Betrachtung in keiner Weise.
Bei dem Thema Fallenfang sind die Meinungen sehr gespalten. Während die eine Hälfte das Fallenstellen als ein geeignetes Mittel sieht, um sich lästige Quälgeister vom Hals zu schaffen, sieht die andere Hälfte das Fallenstellen als reine Zeitverschwendung an, wurde doch hier und dort schon einmal eine Falle aufgestellt und in den meiste Fällen über Monate hinweg kein einziges Tier gefangen. Wertet man die fehlgeschlagenen Fallenstellungen aus, hätten manche Misserfolge bereits vorausgesagt werden können. In einigen Fällen wären die Fallensteller mit

Lebendfallen werden oft als erste Maßnahme gegen Schädlinge eingesetzt.

einem anderen Fallentyp oder Köder durchaus besser beraten gewesen, was dann vermutlich zu einem Fangerfolg geführt hätte. Denn auch bei den Fallen für einen Steinmarder und Waschbär gibt es erhebliche Unterschiede. Und nicht jede Falle ist auch für jeden Bereich bzw. jedes Objekt unbedingt geeignet. Es gibt Fallentypen, die ohne zusätzliche Maßnahmen eher eine abschreckende Wirkung auf das Tier besitzen, und solche, die im Außenbereich nur mit entsprechenden Sicherheitsvorkehrungen verwendet werden dürfen.
Der Fallenfang muss nicht zum Lotteriespiel werden, sondern kann durchaus von Erfolg gekrönt sein. Nur sollte vorher eindeutig geklärt werden, welches Tier es zu fangen gilt und wo die richtige Aufstellmöglichkeit der Falle sein könnte. Denn gerade bei der Auswahl des Aufstellortes kann eventuell ein Fallentyp favorisiert werden und schneller zum gewünschten Erfolg führen.

Lebendfallen

Bei den Fallen können generell zwei Arten unterschieden werden: Lebend- und Totschlagfallen. Zu den Fallen, die lebend fangen, zählen die Kasten-, Rohr- und Drahtkastenfalle. Eine **Kastenfalle** ist relativ einfach zu handhaben und lässt sich auch mit entsprechendem technischen Verständnis sehr

gut selbst bauen. Das ist nicht zuletzt auch der Grund dafür, dass diese Fallen in den verschiedensten Variationen häufig bei Privatpersonen vorzufinden sind. Die zum überwiegenden Teil aus Holz gefertigte Kastenfalle wird mithilfe einer Wippe in der Mitte ausgelöst. Sie kann mit einem oder zwei Eingängen ausgestattet sein, wobei der Fallentyp mit zwei gegenüberliegenden Eingängen am häufigsten Verwendung findet.
Wurde ein Tier gefangen, besteht die Möglichkeit, durch ein eingearbeitetes vergittertes Fenster, das sich in den meisten Fällen in dem Deckel der Kastenfalle befindet, den Fang zu identifizieren. Ein Öffnen der Falle wird so vorerst nicht notwendig. An dem Gitterfenster lassen sich auch von innen Köder befestigen, die so genau über der Auslösewippe postiert werden können. Aufgrund des verarbeiteten Materials (Holz), das auch mit der Zeit verwittert, und durch den tunnelartigen Charakter ist die Scheu vor dieser Fallenart nicht besonders groß. Dem angelockten Tier, das sich den Köder schnappen möchte, erscheint es immer so, als wäre ein Fluchtweg offen.
Schwierigkeiten können jedoch auftreten, wenn die Wippe stark verschmutzt, sodass die Wippbewegung beeinträchtigt wird, oder die Aufhängung verrostet ist und aus diesem Grund ihre Dienste versagt. Ebenso kann im Winter die Auslösemechanik vereisen. Demzufolge wird bei einem Belaufen der Wippe die Falle nicht ausgelöst und die Klapptüren fallen nicht herab.
Die **Drahtkastenfalle**, welche im Gegensatz zu der Kastenfalle aus Drahtgitter gefertigt ist, funktioniert wie die Kastenfalle und besitzt dadurch auch die gleichen Schwachpunkte. Sie scheint aber aufgrund ihres Fertigungsmaterials auf die Tiere eher abschreckend zu wirken. Besteht der Boden der Falle ebenfalls aus Drahtgitter, kann sie sehr lange von den Zieltieren gemieden werden. In einem solchen Fall können die Fallen „verblendet" werden, was bedeutet, dass der Boden mit Sand oder zum Beispiel mit Tannennadeln bedeckt wird und so das Drahtgitter nicht mehr zu sehen und zu fühlen ist. Beim Verblenden ist besonders darauf zu achten, dass die Auslösemechanik nicht behindert wird. Aus Tierschutzgründen sollten Drahtkastenfallen abgedeckt werden, damit ein gefangenes Tier nicht in Panik gerät und sich dann bei Befreiungsversuchen durch Beißen in das Gitter schwer verletzt.
Die aus Beton- oder Kunststoffrohren gefertigten **Rohrfallen** werden von Privatpersonen selten verwendet. Sie sind jedoch bei Jägern wegen ihres guten Fangerfolges weit verbreitet. Abschreckend wirken jedoch der vergleichsweise hohe Anschaffungspreis und das „schwerere Handling", wenn Rohrfallen aus Betonrohren verwendet werden.

Totschlagfallen

Grundsätzlich sollten Totschlagfallen wegen der hohen Verletzungsgefahr nur von Sachkundigen verwendet und aufgestellt werden.

Aus der Gruppe der Totschlagfallen sind die Conibearfalle, das Eiabzugeisen und der Schwanenhals wohl am bekanntesten. Tellereisen, wie sie früher verwendet wurden, sind schon seit 1934 in Deutschland verboten und werden hier nicht weiter beschrieben.
Bei den heute üblichen Fallen findet aufgrund der Bauart und der Beköderung eine Selektion statt. Einige Tiere rühren den Köder nicht an, andere lösen die Falle nicht aus.
Eine **Conibearfalle** besteht aus zwei Metallrahmen, die gegen eine starke Federkraft mithilfe einer Spannzange gegeneinander verdreht werden. Ausgelöst wird die Falle durch das Berühren der in der Mitte angebrachten Drahtstifte beim Durchlaufen der Falle. Da die Conibearfalle beim Durchlaufen ausgelöst wird, kann es auch bei diesem Fallentyp zu einem ungewollten Fang kommen. Wird die Falle ausgelöst, drehen sich die Metallrahmen blitzartig in ihre ursprüngliche Lage zurück und treffen dabei das gefangene Tier im Idealfall im Genick. Weil auch bei der Conibearfalle eine Selektion kaum möglich ist, ist ihre Anwendung in einigen Bundesländern ebenfalls verboten.
Die weitaus sicherste Möglichkeit, einen Steinmarder schnell und sicher zu töten, kann durch die Verwendung eines **Eiabzugeisens** und eines **Schwanenhalses** als Falle erreicht werden. Beide Fallen, die in uns aufgrund ihres Aussehens Erinnerungen an alte Trapperfilme wachrufen, bestehen aus zwei

Halbbögen aus Metall, die gegen eine Federkraft mittels eines Spannhebels zu einem Kreis aufgeklappt werden. In der Mitte befindet sich der Auslösemechanismus, an dessen Anfang ein kleiner Teller zu finden ist, der zur Köderaufnahme dient. Wird die Falle ausgelöst, klappen die beiden Halbkreise mit einer Kraft von bis zu 200 Newton zusammen. Wegen der nicht zu unterschätzenden Kräfte, die eine solche Falle entwickelt, würde ich niemandem raten auszuprobieren, ob sich die Feder auch anders spannen lässt.

Um den Steinmarder tödlich im Genick zu treffen, wird er mit einem Köder in die entsprechende Position gelockt. Auf dem kleinen Teller, der zum Auslösemechanismus gehört, wird der Köder (vorzugsweise ein Ei) fixiert. Der Teller wird von dem Tier angehoben, wenn es nach dem Ei schnappt, und löst dabei die Falle aus.

Neben Eiern eignen sich als Köder auch Anisöl und Rosinen für das Fangen von Steinmardern. Waschbären hingegen können neben Eiern auch mit angenagten Hühnerknochen oder Fisch geködert werden.

Weil Waschbären ihre Nahrung fast immer mit den Vorderpfoten greifen, sollten das Eiabzugeisen und der Schwanenhals nicht für das Fangen von Waschbären verwendet werden. Sie würden das Tier, das sich den Köder schnappen möchte, eventuell „nur" schwer verletzen, aber nicht töten.

Fallen richtig stellen

Werden Lebendfallen aufgestellt, müssen sie aus Tierschutzgründen mindestens ein bis zweimal täglich kontrolliert werden. Denn nur so kann verhindert werden, dass ein gefangenes Tier in ihnen elendig zugrunde geht. Auch wenn die Wut auf den Eindringling noch so groß ist, kann ein Verstoß gegen das Tierschutzgesetz hohe Strafen mit sich bringen. Andererseits könnte in der Falle ja auch ein Tier gefangen worden sein, dem eigentlich gar nicht nachgestellt wurde, wie zum Beispiel ein Igel oder eine Katze.

Kastenfalle und Eiabzugeisen

Meist stehen gestellte Fallen mehrere Wochen, bevor ein Tier gefangen wird. Das kann einen wiederum schnell frustrieren, weil einem der Misserfolg bei den täglichen Kontrollen der Falle immer vor Augen geführt wird. Die Tiere, auf die man es abgesehen hat, müssen erst einmal die Scheu vor dem „komischen Ding" verlieren. So empfiehlt es sich, Fallen zunächst zwar zu beködern, aber nicht scharf zu stellen. So haben die Tiere Zeit, sich an die Falle zu gewöhnen, und die Falle muss nicht täglich kontrolliert werden. Wird der ausgelegte Köder regelmäßig angenommen, kann die Falle scharf gestellt werden. Ältere und leicht verwitterte Kastenfallen, die eventuell auch schon eine entsprechende Waschbär- oder Marderwitterung besitzen, werden schneller angenommen und führen somit auch schneller zum Erfolg.

Der Fallenfang kann sich, wie bereits angedeutet, als sehr zeitaufwendig gestalten, gerade wenn ein Tier mittels Köder in eine Falle hineingelockt werden muss. Damit das Zieltier den Köder auch bemerken kann, sollte die Falle am Pass des jeweiligen Tieres aufgestellt werden. Dieser kann sich an Gebäuden, Zäunen, Carports, Büschen oder Sträuchern befinden, aber auch innerhalb eines Gebäudes auf dem Dachboden oder Speicher. Dieser immer wieder belaufene Weg des Tieres muss zuerst genau ermittelt werden, denn nur auf einem

Pass findet sich ein Erfolg versprechender Ort für eine Falle.

Noch bessere Ergebnisse erzielen Fallen, die in einen Zwangspass gestellt werden können und auslösen, wenn der Störenfried auf dem Weg zu seinem Versteck diesen Zwangspass durchläuft. Weniger Erfolg hingegen haben Fallen, die an ungeschützten Orten aufgestellt werden, weil so die Scheu vor der Falle durch den wenig Deckung bietenden Platz nur noch unterstützt wird.

Wurde in einer Lebendfalle ein Tier gefangen, bestehen die Möglichkeiten, das Tier umzusiedeln oder mittels Fangschuss zu töten. Für die zweite Möglichkeit ist man aus tierschutzrechtlichen Gründen auf die Hilfe eines Jägers angewiesen. Die bessere Lösung ist somit das Umsiedeln des gefangenen Tieres. In beiden Fällen müssen Tierschutzrecht und Jagdrecht berücksichtigt werden (siehe Kapitel „Rechtliche Aspekte", S. 79).

Schenkt man dem Tier nach dem Fang wieder die Freiheit, sollte das in mindestens 50 km Entfernung geschehen, um zu verhindern, dass es den Weg zurückfindet und erneut für Unruhe sorgt. Eine **Umsiedelung** darf nur in Absprache mit dem jeweiligen Jagdberechtigten für den entsprechenden Bereich geschehen. So wird nach dem Fang eines Tieres die Hilfe oder auch das Einverständnis zum Umsiedeln von einem Jäger benötigt, was am besten schon vorher abgesprochen werden sollte. In vielen Fällen gehen die Tiere spät in der Nacht in die Falle, was meist von den in der nächtlichen Ruhe gestörten Zweibeinern freudig zur Kenntnis genommen wird. Diese Freude wird der Jäger mit Ihnen nicht teilen, wenn zu dieser Zeit mit ihm der Verbleib des Tieres diskutiert wird.

Auch wenn für viele die Fallenjagd als die einfachste Art erscheint, sich den pelzigen Unruhestifter ein für alle Mal vom Hals zu schaffen, ist eine dauerhafte Lösung damit kaum zu erzielen. Waschbären sind keine Einzelgänger, sondern suchen ihre Verstecke meist in Gruppen auf. Somit müssen auch alle Gruppenmitglieder gefangen werden, was sich jedoch als sehr schwierig gestalten kann. Durch das Fangen eines oder auch mehrerer Tiere „wittern" die verbleibenden Mitglieder der Gruppe die Gefahr, die von der Falle ausgeht, und werden diese meiden. Die Tiere werden „verprellt".

Ein weiterer Grund dafür, dass der Fallenfang oft keine Dauerlösung bietet, liegt darin, dass Steinmarder ihr Revier deutlich mit Duftmarken kennzeichnen. Wird ein Steinmarder in seinem Revier gefangen und bleibt das Revier danach unbesetzt, wird sich in den meisten Fällen nach kurzer Zeit ein Steinmarder einfinden, der das verwaiste Revier inklusive aller Verstecke jetzt für sich beansprucht. So ist mir ein Fall bekannt, in dem an ein und derselben Stelle innerhalb von kurzer Zeit drei Steinmarder gefangen wurden. Und nach dem Einstellen des Fallenfangs (nach Einsetzen der Schonzeit) trieb bereits der vierte Steinmarder auf dem Dachboden sein Unwesen.

Mit der Fallenjagd ist auf Dauer kaum eine Lösung zu erzielen, da verlassene Reviere schnell wieder neu besiedelt werden oder – wenn es sich um eine Gruppe handelt – nicht alle Tiere gefangen werden können. Daher sollten Sie sich grundsätzlich lieber für andere Maßnahmen entscheiden.

Nur in bestimmten Situationen kann es sein, dass ein Fallenfang angebracht ist. Die Fallenjagd unterliegt aber einer Reihe von gesetzlichen Bestimmungen. Was beim Fallenfang beachtet werden muss, können Sie unter „Rechtliche Aspekte" (S. 79) nachlesen.

Der Automarder

Leider ist es hierzulande kein Einzelfall mehr, dass uns in der Autowerkstatt vom Meister mitgeteilt wird, bei den erwünschten und durchgeführten Reparaturen sei aufgefallen, dass sich dann und wann ein Marder in unserem Motorraum aufgehalten haben muss. Und während wir noch denken „Glück gehabt, der hat wahrscheinlich nur einen kleinen Schaden an der Dämmung hinterlassen und es entstehen keine zusätzlichen Kosten", erfahren wir, dass deswegen eine zusätzliche Reparatur mit einem erheblichen finanziellen Aufwand erfolgen musste, weil der nächtliche Einsteiger wichtige Kabel durch- oder angebissen hat. Bei mir waren es – zum Glück – nur 75,– Euro für ein Kabel, das zum Katalysator führte.

Aber wieso gehen Steinmarder in den Motorraum und zerbeißen Kabel und Schläuche? Beschäftigt man sich mit dem „Automarder-Phänomen", kommt man an dem Namen Ruedi Muggler nicht vorbei. Ruedi Muggler war 1978 Kantonspolizist in Winterthur, im Nordosten der Schweiz. Auf seinem Schreibtisch landeten immer öfter Beschwerden von Vandalismus in den Motorräumen abgestellter Fahrzeugen. Da sich die entstandenen Schäden nicht erklären ließen, weil die Motorhauben immer korrekt verschlossen waren, legte sich der Kantonspolizist, der nebenbei auch noch Jagdaufseher war, des Nachts auf die Lauer. Er brauchte nicht lange zu warten und der nächtliche Zerstörer wurde „gestellt". Seit diesem Zeitpunkt griff das „Automarder-Phänomen" schnell um sich. Die Zerstörungswelle breitete sich rasch in der gesamten Schweiz, in Österreich und schließlich auch in Deutschland aus.

Ein Steinmarder im Motorraum – ein weit verbreitetes Problem, das oft geldintensive Reparaturen mit sich führt.

Was macht den Motorraum so interessant?

Zwangsläufig drängt sich einem die Frage auf, warum erst 1978 der Marder im Motorraum ein Problem wurde, bedenkt man, dass der Steinmarder schon seit dem Mittelalter als Kulturfolger bekannt ist und das Auto ja nicht erst 1978 erfunden wurde. Eine glaubhafte Theorie bezieht sich darauf, dass es vor 1978 noch nicht so viele Kraftfahrzeuge gab, wie sie uns heute auf den Straßen begegnen, und die Besitzer sehr vorsichtig mit ihrem fahrbaren Untersatz umgingen. Sie wurden meist in Garagen abgestellt, die auch nachts verschlossen waren. In der Zeit von Herrn Ruedi Muggler nahm die Anzahl der Kraftfahrzeuge stetig zu, in einigen Familien sind zwei oder sogar mehr Fahrzeuge keine Seltenheit mehr. Auch wurde die Garage vielerorts vom Carport abgelöst und viele Autofahrer besaßen keinen eigenen Stellplatz für ihr Gefährt, sodass sie gezwungen waren, sich ständig einen neuen Parkplatz an der Straße zu suchen. In dieser Zeit haben die Steinmarder den Motorraum für sich entdeckt.

Während dem Marder im Winter ein abgestelltes Fahrzeug auf den nächtlichen Streifzügen als **Wärmestube** dienen kann, nutzt er es ganzjährig auf der Straße, die in der Regel für den Steinmarder wenig Schutz bietet, als **Deckungsmöglichkeit**. So wurde das Kraftfahrzeug binnen Kurzem von den Mardern dankend angenommen. Der Motorraum dient dem Steinmarder nicht nur als Unterschlupf, sondern auch als Versteck für die Nahrung. Einige Kraftfahrer haben schon Brötchen und viele andere Kuriositäten im Motorraum ihrer Autos gefunden. Und ganz nebenbei kann der Steinmarder im Motorraum seine dort versteckten „Imbisse“ verzehren. Für Jungtiere bietet der Motorraum viel, was untersucht werden muss, so wird der Erkundungsdrang der Heranwachsenden gestillt. Kurzum, der Motorraum ist für Jungtiere ein idealer Spielplatz.

Für Marder ist der Motorraum ideal als Unterschlupf, Versteck und Spielplatz. Leider gehen damit Schäden einher.

Durch das Erkundungsverhalten des Steinmarders kommt es immer wieder zu Zerstörung von weichen Teilen, die für den Marder gut erreichbar sind, wie zum Beispiel die Kühlwasserschläuche, Dämmmaterial, Zündkabel, Kabel zur Motorsteuerung und auch Kabel, die zum Katalysator führen. Bei der Erkundung prüft der Steinmarder die Objekte erst durch Beschnuppern, eventuell weiter durch Belecken und schließlich durch Beißen, was dann die Schäden hervorruft.

Selbst wenn der Steinmarder im Motorraum keinen Schaden hinterlässt, hat er in jedem Fall eine Duftmarke zurückgelassen. Diese stellt an sich noch kein Problem dar, nur wenn jetzt das Fahrzeug in einem anderen Steinmarderrevier geparkt wird, kann es teuer werden. Der Revierinhaber erkennt an den **Duftspuren** einen vermeintlichen Rivalen oder Eindringling, den er aus seinem Revier vertreiben möchte. Dann bleibt dem Steinmarder keine andere Wahl, als seine Aggressionen bei nicht Vorhandensein eines potenziellen Gegners an den Schläuchen auszulassen. Die Stärke der Aggressionen unterliegt dabei saisonalen Schwankungen. In der Paarungszeit oder in der Zeit der Jungenaufzucht werden Reviere deutlich stärker verteidigt, was sich auch an den Schäden im Motorraum widerspiegelt.

Entgegen der sich hartnäckig haltenden Gerüchte sind noch keine Fälle bekannt geworden, in denen Steinmarder durch die von ihnen verursachten Schäden einen Autofahrer in eine akute Lebensgefahr gebracht haben, wie es zum Beispiel durch das Zerbeißen von Bremsschläuchen möglich wäre. Nur leider sind teure Reparaturen keine Seltenheit.

Steinmarder vom Auto fernhalten

Standen Sie schon einmal morgens ratlos neben Ihrem Wagen und konnten sich beim besten Willen nicht erklären, warum er nicht anspringen will, obwohl die Serviceintervalle immer termingerecht eingehalten wurden? Später informiert Sie der freundliche Herr vom Automobilclub darüber, dass Sie Opfer eines Steinmarders geworden sind. Nachdem Sie morgens lange auf Hilfe warten mussten und natürlich auch zu spät zur Arbeit kamen, ist der Gedanke zu einer wilden Entschlossenheit geworden, diese blinde Zerstörung durch den Marder nicht noch einmal zuzulassen. Wurde auch anschließend für die notwendige Reparatur tief ins Portemonnaie gegriffen, werden schnell die Möglichkeiten geprüft, die einem zur Verfügung stehen, um diesen unliebsamen Zerstörer von seinem Wagen fernzuhalten. Dabei stellt man schnell fest, dass es eine Vielzahl von Produkten gibt, die einem den marderfreien Motorraum versprechen.

Es stellt sich aber die Frage, welches ist für einen selbst das richtige Produkt? Sollte man es vom Preis abhängig machen? Wohl nicht, denn es gibt auch einfache, sehr wirkungsvolle Maßnahmen, die den Marder fernhalten. Aber zuerst sollte man sich die Frage stellen, ob der Wagen immer an derselben Stelle geparkt wird und somit eventuell ein selbstgebauter Rahmen zum Einsatz kommen kann, der beim Abstellen des Fahrzeugs einfach unter den Motorraum geschoben wird. Oder steht der Wagen auch zeitweise nachts nicht an seinem Platz, weil der Fahrer eventuell Nachtschicht hat. In diesem Fall kann nur etwas zum Einsatz kommen, was sich fest im Motorraum befindet.

In die Überlegung, welche Abwehrmaßnahme für einen selbst die beste ist, sollten auf jeden Fall der eigene Parkplatz (wechselnd oder gleichbleibender Standort), die eigene Bequemlichkeit (bin ich bereit, Vergrämungsmittel regelmäßig zu erneuern) und der eigene Geldbeutel mit einbezogen werden. Mithilfe dieser Entscheidungsfaktoren sollte jeder in der Lage sein, ein entsprechendes Marderabwehrmittel für sein Kraftfahrzeug zu finden und dem Steinmarder auf Dauer fernzuhalten.

Drahtrahmen, die unter den Motorblock geschoben werden, sind effektiv und einfach herzustellen.

Drahtrahmen

Für den Fall, dass der Wagen seinen festen Platz hat, lassen sich **selbstgebaute Rahmen, die mit Kaninchendraht** bespannt sind, unter den Motorraum schieben. Sie lassen sich beim Wegfahren schnell herausziehen. Bei einer gewissen Routine bleiben die Rahmen später auf dem Boden liegen und das Fahrzeug wird anschließend darüber geparkt. Mit Kaninchendraht bespannte Rahmen funktionieren sehr gut, weil ein Steinmarder ungern auf Gegenstände geht, die sich bewegen oder Geräusche verursachen. So lässt sich mit wenig Aufwand und Kosten ein wirksamer Marderschutz für das Auto herstellen.

Aber es muss nicht unbedingt immer der bekannte Kaninchendrahtrahmen sein. Genauso gute Erfolge können mit einem dünnen Blech oder mit einer Holzplatte, auf der Spiralen befestigt sind, wie sie in der Taubenabwehr Verwendung finden, erzielt werden. Sollte die Wahl der Schutzmöglichkeiten auf diese Form der Abwehr fallen, muss bedacht werden, dass der Rahmen, die Holzplatte oder das Blech eventuell in der Garage oder im Carport verstaut werden muss und auch einen gewissen Platz erfordert.

Vergrämungsmittel und Duftstoffe

Wird der Wagen allerdings immer an einer anderen Stelle auf der Straße abgestellt oder steht er nachts einmal in einem ganz anderen Bereich, der gewiss nicht mehr in das Revier des Marders bei einem zu Hause fällt, wird ein Marderschutz benötigt, der sich im Motorraum befindet und nicht erst beim Abstellen des Fahrzeugs installiert werden muss. Die einfachste Möglichkeit stellen hier **Vergrämungsmittel** dar, die in Form von Duftscheiben, -stäbchen oder -sprays in den Motorraum eingebracht werden. Sie sollen einen für den Marder unangenehmen Geruch oder Geschmack verbreiten und so den Marder von dem Betreten des Motorraums abhalten. Einige dieser Produkte basieren auch auf dem Geruch von Fressfeinden des Marders, der in den Substanzen in Form von Tierfetten vorliegt und so den Marder abschreckt. Vergrämungsmittel sind relativ preiswert zu bekommen und auch einfach in ihrer Anwendung.
Um die Wirkung der Vergrämungsmittel noch zu steigern, empfiehlt es sich, den Wagen vorher einer gründlichen **Motorwäsche** zu unterziehen. So werden noch vorhandene Duftmarken zum größten Teil entfernt und veranlassen einen Steinmarder nicht dazu, trotz schlechter Gerüche nach einem vermeintlichen Rivalen zu suchen. Für diesen Zweck werden auf dem Markt spezielle **Duftentferner** angeboten. Auch wenn diese Abwehrmaßnahme auf den ersten Blick als eine sehr preiswerte Variante erscheint, sollte man beachten, dass Vergrämungsmittel Abbauprozessen unterliegen oder durch Spritzwasser abgewaschen werden können und aus diesem Grund in regelmäßigen Abständen erneuert werden müssen.
Gute Erfolge konnten auch mit **Tabasco**, **Knoblauch** und anderen **scharfen Gewürzen** erzielt werden, mit denen gefährdete Schläuche und Kabel eingerieben wurden. Weil die Hausmittel gezielt ausgebracht werden sollten und somit eine gewisse Sachkunde vorteilhaft wäre, ist diese Form der Vergrämung nicht von jedem durchführbar.
Das weit bekannte Hausmittel, einen Hund an den Autoreifen pinkeln zu lassen, ist übrigens meist nicht von Erfolg gekrönt, da ein Steinmarder die Duftspuren des Hundes kennt und weiß, dass im Motorraum keine Gefahr durch einen Hund droht.

Sichere Kabel und Schläuche

Eine weitere sichere Methode ist die Montage von **durchbisssicheren Kabeln und Schläuchen** aus hartem Kunststoff, wie sie im Fachhandel angeboten werden. Die Maßnahme macht allerdings nur Sinn, wenn alle leicht erreichbaren Schläuche und Kabel ausgetauscht oder gesichert werden.
Personen, deren Autos schon öfter von einem Steinmarder heimgesucht wurden, entwickeln eine enorme Kreativität. Da ist es auch nicht verwunderlich, dass Kabel in Motorräumen mit Wasserrohren oder Alufleckschläuchen geschützt werden oder andere Rohrtypen für die eigenen Belange zurechtgesägt und -gebogen werden. Nur leider ist nicht jeder in der Lage, seinen Wagen derart zu sichern, weil für die Montage der Schutzrohre eine Fachkenntnis über Kraftfahrzeuge Voraussetzung sein sollte. Denn in Zeiten von Motorsteuergeräten und Fahrzeugcomputern könnte ein falsch eingesetztes Schutzrohr fatale Folgen haben. So bleibt vielen der Weg in die Fachwerkstatt nicht erspart, wo weitere Kosten anfallen.
Bedenkt man jedoch, dass durch Marder vermutlich jedes Jahr Schäden im zweistelligen Millionenbereich verursacht werden, ist eine einmalige Anschaffung auf jeden Fall das Geld wert. Allein der ADAC registrierte im Jahr 2006 über 15.000 Marderschäden, die durchschnittlich Reparaturkosten von 150,– Euro nach sich zogen. Die Dunkelziffer der durch einen Marder geschädigten Kraftfahrzeuge wird jedoch weitaus höher liegen, wenn man davon ausgeht, dass nur die Fahrzeugbesitzer sich an den Automobilclub gewendet haben, die aus eigener Kraft den Weg in die Fachwerkstatt nicht mehr antreten konnten.
Interessant ist die Beobachtung, dass einige Fahrzeugmodelle so gut wie nie von einem Steinmarder heimgesucht werden. Der Grund hierfür ist allerdings nicht, wie häufig vermutet, in den verwende-

ten Materialien des Herstellers zu sehen, sondern an der kompakten Motorraumausstattung. Je weniger Platz ein Motorraum bietet, je unwahrscheinlicher ist der Besuch von einem Marder.

Ultraschallgeräte

Weit verbreitet ist auch die Installation von **Ultraschallgeräten für den Motorraum**. Diese entwickeln einen Pfeifton, der für den Steinmarder derart unangenehm ist, dass er von dem Betreten des Motorraums abgehalten wird. Die elektronischen Geräte wurden permanent weiterentwickelt, sodass heute **Kombinationsgeräte** auf dem Markt zu bekommen sind, die neben den produzierten Ultraschalltönen auch Lichtblitze und Stromschläge freisetzen. Durch Metallplättchen, die im Motorraum verteilt werden, wird dem Steinmarder bei Berührung ein ungefährlicher, aber unangenehmer Stromstoß versetzt (Weidezaunprinzip).

Ein Marder, der einen Stromschlag erlitten hat, wird den Motorraum schleunigst verlassen und gewiss nicht so schnell, wenn überhaupt wieder aufsuchen. Geräte mit Hochspannungselektroden sind auch als separate Geräte, ohne die Ultraschall- und Lichtblitzkombination, erhältlich. Allerdings sind sie recht teuer und können auch nicht von allen Geschädigten selbst eingebaut werden.

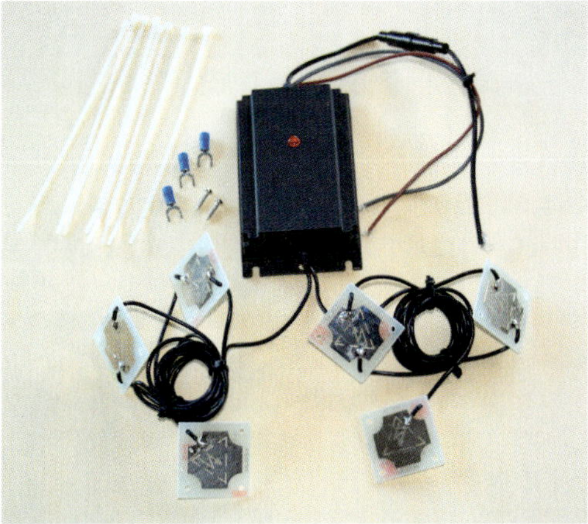

„Marderschocker“ mit Stromschläge verteilenden Metallplättchen für den Motorraum

Befall durch Ratten und Mäuse

Die wenigsten machen sich eigentlich darüber Gedanken, warum wir Ratten und Mäuse in unserer unmittelbaren Umgebung bekämpfen. Zugegeben – es kann einem kalt den Rücken runter laufen, wenn man etwas zum Kompost bringen möchte und einem bewusst ist, dass sich in diesem vor kurzem Wanderratten eingenistet haben. Denen möchte man auf gar keinen Fall Auge in Auge gegenüberstehen.

Ist es aber nur das unbehagliche Gefühl oder sogar die Angst vor diesen Tieren, die uns dazu bringt, ihnen nachzustellen? Natürlich ist da noch der Imageverlust, der gerade Firmen zu einer Bekämpfung drängt. Aber auch in Privathaushalten wird vieles nur hinter der vorgehaltenen Hand erzählt, aus Angst, die Nachbarn könnten eventuell etwas mitbekommen. Eine gewisse Furcht und die Schädigung des eigenen Ansehens sind noch für viele der einzige Grund, Schadnager zu bekämpfen. Dabei gibt es viel wichtigere Gründe.

Gefahr durch Wanderratten

Wanderraten können Gehwegplatten untergraben, die dann oft absacken und gefährliche Stolperkanten bilden. Aber nicht nur an solchen Stellen werden Wanderratten ungern gesehen. Ihre Bauten sind auch an Dämmen und Uferböschungen zu finden. Ebenfalls stellen ihre Grabtätigkeiten an Verkehrswegen oder sogar Gleisanlagen eine potenzielle Gefahr dar. In der Kanalisation, in der sich eine große Anzahl der Wanderratten aufhält, kommt es auch immer wieder durch ihre Grabtätigkeiten zu Schäden. Es werden selbst Rohrleitungen angenagt, wenn die Ratte die Möglichkeit bekommt, ihre Zähne anzusetzen. Und leider sind es keine Horrorgeschichten, die von der Wanderratte in der Toilette erzählt werden, sondern immer wieder auftretende Realität. Wanderratten können **Rohrleitungen** (sofern sie nicht mit einem entsprechenden Schutz versehen wurden) bis zu ihrem Ursprung hinauflaufen. Ich wurde schon des Öfteren gerufen, als in Wohnungen plötzlich Getrippel oder Kratzgeräusche aus Rohrleitungen zu hören waren. Zum Teil wurden die Leitungen auch von den Tieren verstopft und führten so dann noch zu einer weiteren Katastrophe.

An dieser Stelle möchte ich noch einmal ganz deutlich erwähnen, dass man sich nicht zu wundern braucht, wenn einem die Wanderratten bis in die Toilette steigen, wenn man dort die leckeren Essensreste verschwinden lässt. Verständlicherweise wollen die Tiere jetzt auch noch den Nachtisch mit einem teilen.

Wanderratten verursachen nicht nur an Rohrleitungen Schäden, sondern benagen auch **Kabel und deren Isolierungen**, wenn sie es schaffen, bis zu ihnen vorzudringen. In Betrieben können dadurch Produktionsausfälle entstehen, die wiederum zu finanziellen Einbußen führen, wenn zum Beispiel durch das Benagen Kurzschlüsse entstehen und Maschinen zum Stillstand kommen. Ein Risiko, das ebenfalls beim Benagen von elektrischen Leitungen nicht auszuschließen ist, besteht in der Entstehung eines Lichtbogens, der die Ursache für einen Brand sein kann.

Gern benagen sie auch Baustoffe zur **Wärmeisolierung**. Sie können in Zwischenwänden ihr neues Zuhause finden oder in Verkleidungen, die entsprechende Materialien umschließen. Ich konnte meinen Augen nicht trauen, als ich Zeuge wurde, wie in einer Firma Hallenverkleidungen demontiert wurden und die frei werdende Isolierschicht mit Gängen von Wanderratten nur so durchzogen waren.

Eine weitere Gefahr liegt in der **Verunreinigung von Nahrungs- und Futtermitteln** durch die Schadnager. Sie verunreinigen Nahrungsmittel durch ihre Haare, Kot und Urin und zerstören durch Benagen verpackte Waren, die dann aus dem Handel genommen werden müssen.

Viele Personen, die erkennen mussten, dass sich Wanderratten in der Nähe aufhalten, haben Angst davor, von einer gebissen zu werden. Diese Angst ist immer dann gegenwärtig, wenn zum Beispiel Geräte aus einem Schuppen, in den sich die Tiere eingenistet haben, geholt oder hineingebracht werden müssen oder Arbeiten und Aufräumaktionen dort fällig sind. So habe ich Familien kennengelernt, die Monate lang ihren Geräteschuppen nicht mehr betreten hatten, und die Ratten eindeutig die Herren in dem Häuschen waren.

Auch wenn die Wahrscheinlichkeit, von einer Wanderratte gebissen zu werden, verschwindend gering ist, wäre der Biss als solches nicht das Problem, sondern vielmehr die eventuell von einer Wanderratte **auf den Menschen übertragenen Krankheiten**. So können durch den Biss einer Ratte die Erreger des **Rattenbissfiebers**, auch Rattenbisserkrankung genannt, auf den Menschen übertragen werden. Bei der Rattenbisserkrankung (Sodoku, chines./japan. = Gift der Ratte) kommt es in einem Zeitraum von ein bis drei Wochen nach dem Biss zu einem Geschwür an der Bissstelle und im fortgeschrittenen Stadium zu Lymphdrüsenschwellungen sowie Exanthemen (Hautausschlag). Schuld an der Erkrankung ist das Bakterium *Spirillum minus*, das bei dem Biss übertragen wird und im weiteren Krankheitsverlauf für lang anhaltendes Fieber verantwortlich ist. Bis zu 10 Prozent aller Erkrankten sterben.

Auch wenn die Letalität bei dem Rattenbissfieber sehr hoch ist, hat die Ratte ihr Negativimage schon vor viel längerer Zeit bekommen, und zwar als es den Menschen gelang, die Zusammenhänge zwischen Ratte, Rattenfloh und der **Pest** herzustellen. Der Pesterreger *Yersinia pestis*, der durch den Rattenfloh von der Ratte auf den Menschen übertragen wird, kann bei dem Menschen die Beulen- oder die Lungenpest hervorrufen. Dieser Krankheit sind in der Geschichte schon Millionen Menschen zum Opfer gefallen. Die Pest zählt zu den ältesten bekanntesten Seuchen der Menschheit und wird schon in der Bibel 28-mal erwähnt. Wer aber denkt, dass die Pest ein Relikt aus längst vergangenen Tagen ist, dem sei gesagt, dass es im 20. Jahrhundert noch Ausbrüche der Pest gegeben hat. Diese wurden intensiv von der Weltgesundheitsorganisation (WHO) eingedämmt.

Eine weitere Krankheit, die von der Ratte auf den Menschen übertragen werden kann, auch wenn keine Ratte in der Nähe ist, ist die **Weil'sche Krankheit** oder Morbus Weil. Der bakterielle Erreger *Leptospira interrogans* gelangt durch den Rattenurin in das Erdreich oder das Wasser, durch das sich dann wiederum der Mensch infiziert. Eine Infektion könnte beim Baden bzw. durch jegliche Art von Wassersport geschehen. Auch wer von Berufswegen mit dem Medium Wasser zu tun hat (zum Beispiel Kanalarbeiter) ist dieser Gefahr ausgesetzt. Eine Infektion mit dem Erreger der Weil'schen Krankheit quittiert der menschliche Körper mit Fieber, Wadenschmerzen, Gelbsucht sowie Leber- und Milzschwellung.

Abschließend sei gesagt, dass die Anzahl der Erkrankungen, die von der Ratte auf den Menschen übertragen werden können, sehr groß ist und in diesem Buch auch nicht vollständig aufgelistet werden kann.

Nicht nur die Wanderratte ist als eine potenzielle Gefahr anzusehen, auch die bei uns seltener vorkommende Hausratte ist ein ebenso großer Krankheitsüberträger. Zu den Krankheiten, die von beiden übertragen werden, zählen neben dem Fleckfieber, der Tollwut und der Salmonellose auch die gerade in den landwirtschaftlichen Betrieben gefürchtete Maul- und Klauenseuche. Diese hochansteckende Viruserkrankung befällt in der Regel Rinder und Schweine. Sie kann aber auch bei anderen Paarhufern auftreten und ist ebenso auf den Menschen übertragbar.

Gefahr durch Hausmäuse

Jetzt könnte man meinen, die Ratte sei die Wurzel allen Übels, doch die Liste an Krankheiten, die eine Hausmaus auf den Menschen übertragen kann, ist genauso lang wie die der Ratte, wenn nicht sogar länger. Weil sie die Nähe zum Menschen sucht, ist die Wahrscheinlichkeit, dass sie der Grund für eine Infektion ist, vermutlich größer als bei der Ratte. Auch sie verunreinigt Nahrungsmittel durch Kot, Urin und durch das Benagen. Aber auch durch das einfache Belaufen der Nahrungsmittel können, wie bei der Ratte, Schmutz und Krankheitserreger übertragen werden. Neben der **Weil'schen Krankheit**, der **Salmonellose**, der **Dermatomykose** (einer Hauterkrankung mit Borkenbildung auf der Kopfhaut und schuppigen entzündlichen Ringen auf der übrigen Körperhaut) zählt auch die **Breslauer Enteritiserkrankung** mit ihrer choleraartigen Erscheinung zu den möglichen Krankheiten, die neben der **Tularämie** (Nagerpest) oder des **Hanta-Fiebers** von einer Hausmaus auf den Menschen übertragen werden können.

Aufgrund dieser Gefahr sollten in der zivilisierten Welt Schadnager in der Nähe von menschlichen Siedlungen bekämpft werden, nicht nur um materielle Schäden zu vermeiden, sondern auch um Krankheiten und Epidemien vorzubeugen.

Woran erkenne ich einen Befall?

Manchmal ist es kaum zu glauben, wie lange selbst Ratten in einer Wohnung unbemerkt agieren können, ohne aufzufallen. Mir ist ein Fall bekannt, in dem eine Wanderratte wahrscheinlich zwei bis drei Wochen unter der Küchenzeile verbrachte, ohne dass es jemandem aufgefallen ist. Und ich meine damit einen normalen, ordentlichen Haushalt, in dem niemand ein solches Tier vermuten würde. Aufgefallen ist die Wanderratte erst zu der Zeit, als die Besitzer der Wohnung in den Urlaub gefahren waren. Jetzt könnte man mit dem Kopf schütteln und denken: „Da hat er doch bestimmt etwas verwechselt, ein Befall fällt doch nur auf, wenn jemand regelmäßig in der Wohnung ist und nicht wenn die Eigentümer der Wohnung verreisen." Aber in diesen Fall war das tatsächlich so. Des Rätsels Lösung ist die Katze der Eigentümer gewesen. Sie wurde für die Zeit des Urlaubs in Pflege gegeben und somit auch nicht mehr in der Küche gefüttert. Damit war die Ratte gezwungen worden, sich eine andere Nahrungsquelle zu suchen und hat zu allem Überfluss auch noch den Schlauch der Waschmaschine zernagt. Waren am Anfang keine Spuren zu finden, so war nach dem Urlaub die Katastrophe perfekt. In meinem Gespräch mit dem Eigentümer hat er im nachhinein die Zeichen seiner Katze auch richtig deuten können, die mit einem veränderten Fressverhalten auf die Anwesenheit der Ratte reagiert hatte. Auch konnte er sich nun erklären, warum die Reste aus der Schüssel in der Nacht verschwanden, obwohl seine Katze nachts vorher nie gefressen hatte. Nur leider kam diese Erkenntnis genau eine Waschmaschinenreparatur zu spät.

Solche oder ähnliche Fälle passieren gelegentlich, sind aber nicht die Regel dafür, wie Befallssituationen entdeckt werden. Wenn es nicht die Tiere selbst sind, die einem abends oder in den frühen Morgenstunden über den Weg laufen, sind es meist die **Geräusche**, die auf die versteckt lebenden Tiere aufmerksam machen. Hier und dort hört man mal ein leises Trippeln oder ein Nagegeräusch in der Leichtbauwand, der Decke oder dem Fußboden, das nach einer kurzen Pause wieder einsetzt und einen schließlich zu dem Versteck der kleinen vierbeinigen Langschwänze führt. Dabei darf nicht übersehen werden, dass selbst kleine Mäuse relativ laute Geräusche erzeugen können, erst recht, wenn es sonst still in der Wohnung ist und alle angestrengt den Geräuschen lauschen.

Als erste Reaktion werden viele energisch gegen die Stellen klopfen, hinter denen sie die Geräuschverursacher vermuten. Und obwohl mit dem kraftvollen Einsatz die Geräusche oft augenblicklich verstummen oder man sogar hören kann, wie sich den Geräuschen nach ein Tier auf der Flucht befindet, ist die Ruhe meist nicht von Dauer.

Sind es nicht die Geräusche, die auf die Nager aufmerksam machen, sind es irgendwann deren **Hinterlassenschaften** und die **Schäden**, die sie in der Zeit ihrer Anwesenheit anrichten und einem meist zufällig ins Auge fallen. Häufig sind es die oft vergessenen Krimskramskisten oder auch Schubladen, die nur sehr selten geöffnet werden und in denen alles verstaut und verwahrt wird, was man nicht alltäglich braucht. Beim Ausmisten oder wenn doch einmal einer dieser Gegenstände gebraucht wird, kann es einem dann schon die Sprache verschlagen, wenn man erkennen muss, dass andere die Gegenstände durchaus „regelmäßig nutzen" konnten. So ist der Kot, der sich in der Zeit angesammelt hat, unübersehbar. Und auch der Geruch, der sich auf einmal beim Öffnen des Kartons oder der Schublade breit macht, verrät Schlimmeres. Der Kot ist meist das erste Indiz, was einem auffällt, auch wenn das Versteck der heimlichen Mitbewohner nicht zufällig entdeckt wurde.

Kotansammlungen und klebrige Urinspuren finden sich meist in und auf Schränken, in zugekramten Ecken und Regalen oder an anderen Stellen, die der Hausmaus, aber auch der Ratte eine gewisse Versteckmöglichkeit bieten. Neben den Kot- und Urinspuren sowie dem sich später immer stärker ausbreitenden Geruch sind es auch die **viel belaufenen Wege**, an denen der Befall erkannt werden kann. So werden zum Beispiel staubige Ecken auf einmal staubfrei und der Untergrund, der aus Fliesen oder PVC besteht, wirkt eher streifig und speckig gegenüber der restlichen Fläche. Auch poröse Untergründe können durch das regelmäßige Belaufen speckig oder glänzend wirken. Außerdem bleiben die Schäden, die durch das permanente Nagen entstehen, nicht immer unentdeckt. Aber es kann auch einmal das Verschwinden oder das Verschleppen von kleineren Gegenständen oder kleinen Leckereien sein, die auf das Konto der Schadnager gehen und die unfreiwillig ihre Anwesenheit verraten, auch wenn man erst einen anderen zweibeinigen Feinschmecker in Verdacht hatte.

Bei einem Mangel an Beweisen, aber einem gewissen Verdacht besteht die Möglichkeit, mit Fluoreszenz-Leuchten Urin sichtbar zu machen. Auch Mehl, das in einer Ecke ausgestreut wird, kann die Übeltäter überführen, wenn sie für alle sichtbar ihre Spuren darin hinterlassen.

Im Freigelände werden wir meist noch durch die **Grabtätigkeiten** der Wanderratten auf diese aufmerksam gemacht. In einer für Wanderratten attraktiven Umgebung kann das enorme Ausmaße annehmen. Dabei werden Tierstallungen und Gartenhäuschen unterwühlt und die Erde in der Regel direkt vor dem Bau liegen gelassen.

Nagersuche im Keller

Der Gedanke allein widerstrebt einem zutiefst, in seinem eigenen Reich nach den Verstecken von Ratten und Mäusen zu suchen. Selbst auf dem Dachboden ist es eine unangenehme Geschichte, aber im Keller und in der Wohnung, in dem unser tägliches Leben stattfindet, ist es doch höchst unerfreulich.

Mäusekot und Urinspuren auf einem Kellerregal

Der Dachboden stellt in den meisten Wohnungen und Häusern einen abgeschotteten Raum dar. So können Eindringlinge für kurze Zeit geduldet werden. Aber befinden sich diese in der Wohnung oder in den Räumlichkeiten, die von uns regelmäßig genutzt werden, bleibt unsere Toleranz meistens auf der Strecke. Allein ständig mit dem Gedanken beschäftigt zu sein, ob einem der tierische Mitbewohner über die Füße läuft oder welche Sachen ihm in der Nacht als Nächstes zum Opfer fallen werden, lassen uns in unserer eigenen Wohnung nicht mehr entspannen. Kurzum – es ist eine massive psychische Belastung. Schnell wird in so einer Situation der Entschluss gefasst, gegen diesen Eindringling aktiv zu werden. Um sich für die richtige Bekämpfungsmethode entscheiden zu können, muss der Übeltäter identifiziert und sein Versteck aufgespürt werden.

Bei der Suche nach den heimlichen Verstecken oder dem Areal, in dem sich die Ratte oder die Maus bevorzugt aufhält, wird einem zum ersten Mal bewusst, wie viele Versteckmöglichkeiten es selbst in einem kleinen Keller gibt. Die Suche sollte systematisch von Raum zu Raum erfolgen, wobei alle potenziellen Verstecke kurz inspiziert werden. Vergessen Sie bei der Kontrolle in den Kellerräumen nicht, dass der Raum dreidimensional ist und sich auch dem Schadnager oft gute Verstecke in den oberen Bereichen des Raums bieten. Hier sind in

Bau einer Wanderratte im Wanddurchbruch

Wanderrattenkot im Keller hinter Kanistern

den Kellerräumen in der Regel die **Wasser- und Abwasserrohre** sowie **Elektrokabel** verlegt, die dem Schadnager als gute Laufwege dienen können. Die meist leicht verstaubten Rohre sollten auf Trittsiegel oder Kot überprüft werden.

Auch bieten Kunststoffkabelkanäle, die zur Aufnahme mehrerer elektrischer Leitungen an Wand und Decke angebracht werden, ideale Versteckmöglichkeiten. Vielleicht können Sie in den möglichen Ein- und Ausgangsbereichen Nagespuren entdecken. Wird dieser Bereich schon einmal genauer unter die Lupe genommen, sollten Sie auch vor den **Mauerdurchbrüchen**, in denen die Leitungen letztendlich verschwinden, nicht haltmachen. Bieten diese genug Raum oder die Möglichkeit, von dort in die Isolierschicht des Hauses zu gelangen, könnte hier das Versteck sein. Je nach Bauart des Hauses sind auch Verstecke in Holzdecken oder Holzfußböden zu finden. In denen können sich mögliche Eingänge an den frei liegenden Balken und deren Verankerung zur Mauer, den Balkenköpfen, ergeben. In einem sehr extremen Fall, in dem ich die Rattenbekämpfung übernommen hatte, wurde ein Balkenkopf so weit abgenagt, dass er keinen Halt mehr in der Wand hatte. Bei der Kontrolle in der darüberliegenden Wohnung gab der Fußboden in dem entsprechenden Bereich leicht nach.

Findet sich in dem Keller eine **Heizungsanlage**, ist auch in diesem Bereich eine gute Versteckmöglichkeit gegeben. Neben den normalerweise gut isolierten Rohren, die gerade in älteren Häusern sehr üppig ausfallen, bietet die Heizungsanlage an sich schon ein passables Versteck. Umschlossen von der Verkleidung findet sich gerade bei Thermen eine Isolierschicht, die keine Wünsche für die Eindringlinge offen lässt. Und zu allem Übel wird einem erst jetzt bewusst, wie schlecht der ganze Bereich der Heizungsanlage meistens eingesehen werden kann. Einem wird klar, dass sich allein durch die Positionierung der Anlage eine gute Versteckmöglichkeit ergibt. Weitere Verstecke finden Ratten und Mäuse in ausgelasteten **Regalen und Schränken**, die als Lagerhilfen in dem Keller aufgestellt wurden. Gerade bei Letztgenannten ist oft im Sockelbereich durch Verblendbretter ein nicht zu unterschätzender Hohlraum vorhanden. Aber auch dicht und ordentlich aneinandergereihte **Kartons und Kisten** bieten den Tieren meistens ausreichend Unterschlupfmöglichkeiten. Besonders wenn sich in ihnen schon längst vergessene Lebens- oder Futtermittel befinden, ist für die Langschwänze ein Schlaraffenland geschaffen worden. Nicht weniger interessant sind für Ratten und Mäuse Kisten oder Kartons, in denen sich **Papiere oder Textilien** befinden, sind sie doch klein genagt ideale Materialien, um Nester auszustatten. Nicht vergessen sollten Sie abschließend den Blick entlang des **Fußbodens und Wandbereichs**. Ratten und Mäuse laufen vorwiegend lotgerecht zu Wand, so lassen sich gerade in diesem Bereich schnell Spuren finden. Vielleicht entdecken Sie auch dabei ein **poröses Mauerwerk**, durch das sich die Tiere hindurcharbeiten konnten, um sich in dem dahinterliegenden Erdreich einen Bau anzulegen. Eine letzte Möglichkeit für ein Versteck oder Zugang zum Keller findet sich gerade für Ratten in **Wasserabläufen**, die eventuell an die Kanalisation angeschlossen sind.

Nagersuche in der Wohnung

Wer jetzt glaubt, dass ein Keller für Ratten und Mäuse viele Versteckmöglichkeiten bietet, kann die Anzahl der sich im Keller bietenden Verstecke leicht um ein Vielfaches multiplizieren, um den Wert der Versteckmöglichkeiten seiner Wohnung auszurechnen. In vielen Wohnräumen finden sich **abgehängte Decken oder verkleidete Wände**, die eine ideale Unterschlupfmöglichkeit bieten, wenn die Eindringlinge bis in diese vordringen konnten. Aber auch wer keine vertäfelten Wände in seiner Wohnung hat, bietet den Tieren die gleichen Möglichkeiten durch eine **Leichtbauwand**, die fast in jedem Haus und in jeder Wohnung zu finden ist. Wer sich jetzt entspannt in seinen Sessel zurücklehnt und denkt: „Die müssen doch erstmal in die Zwischenwand gelangen, wie sollen die denn dort so schnell hinkommen?“, sollte sein Augenmerk zunächst einmal auf die Rohrleitungen richten, die in der Wand verschwinden, denn in den meisten Fällen wurde bei der Durchführung der Heizungsrohre das Mauerwerk nicht hundertprozentig verschlossen.

Übrigens reicht einer Maus ein Spalt von 2 cm Breite aus, um sich genau an dieser Stelle hindurchzuzwängen. Ist der Durchgang für die Maus nicht groß genug, hat sie ja immer noch ihre Nagezähne.

Wenn Sie gerade die Ecke inspizieren, in der die Heizungsrohre verlegt sind, sollten Sie auch auf die **Teppich- oder Sockelleisten** des Fußbodens achten. Gerade in den Ecken, aber auch an den Wänden können Bauart bedingt kleine Spalten entstanden sein, weil der Estrich oder auch die Verlegeplatte nicht bis an die Wand herangeführt wurde. Solche Spalten sind auch an vielen Türzargen zu entdecken, die für die Eindringlinge Durchschlupfmöglichkeiten zur Isolierschicht der Wand ergeben.

Rohrleitungen, die bei ihrem Durchbruch in die Wand nicht sauber verputzt wurden, finden sich oft im Küchenbereich unter der Spüle. Die **Küche** kann durchaus als eines der Hauptverstecke in der Wohnung angesehen werden, gibt es hier neben der Möglichkeit, an Rohrleitungen in die Zwischenwand zu gelangen, auch noch das ständige Angebot an Nahrung. Außerdem bietet die Küche durch die in ihr aufgestellten Schränke im Sockelbereich, aber auch in und hinter Schubfächern genügend Versteckmöglichkeiten. In Einbauküchen befindet sich zum Fußboden in den meisten Fällen eine Blendleiste, die Sie mit geringem Aufwand entfernen können. Durch das Entfernen dieser Blende ist meist der Blick unter die gesamte Einbauküche möglich, was einen Befall schnell entlarvt.

Ein weiteres, aber nicht so einfach zu entdeckendes Versteck bietet sich Ratten und Mäuse in der Isolierung des Kühlschranks, sogar auch Waschmaschine und Trockner sind gern genutzte Verstecke. Finden sich Rückstände in diesem Bereich von Nagetätigkeiten, Kot oder sogar Isoliermaterial, ist auch dieses Versteck nicht mehr geheim.

Durch unsere Möblierung in der Wohnung erschaffen wir eine Vielzahl an potenziellen Unterschlupf- und Versteckmöglichkeiten. An unseren Schränken, Kommoden und Regalen findet sich allein durch den schon beschriebenen **Sockelbereich** eine Reihe an Verstecken. Auch in den Schränken kann ein Befall nicht immer ausgeschlossen werden, da wir meistens nicht wissen, ob die leichte Rückwand noch vollständig intakt oder richtig befestigt ist. Selbst Polstermöbel sind ein sehr interessanter Unterschlupf. Meistens wird der Spannstoff von unten leicht angenagt, sodass ein Einschlupf entsteht und das durchaus einladende Versteck genutzt werden kann. Nennen Sie einen Kamin Ihr eigen, besteht auch hier die Möglichkeit, hinter dekorativ aufgeschichtetem Holz unter oder neben dem Kamin einen warmen Nistplatz geschaffen zu haben.

Die Blendleiste in der Küche lässt sich leicht abnehmen. So können Spuren erkannt und Köderboxen gut platziert werden.

Durch intensive visuelle Kontrolle der eigenen Wohnung sollte es Ihnen gelingen, die von den Schadnagern hinterlassenen charakteristischen Spuren zu entdecken. Ist der Eindringling identifiziert und sein Versteck aufgespürt oder sein Aktionsbereich eingegrenzt, ist das die „halbe Miete" für eine erfolgreiche Bekämpfung.

Nagersuche im Garten

Sicherlich stellt der Schadnagerbefall in einer Wohnung für viele Betroffene den absoluten Supergau dar, aber in einigen Fällen hätte sich dieser schon im Voraus verhindern lassen. Eine Möglichkeit, sich vor dem Besuch der unliebsamen Tiere zu schützen, besteht darin, seine Wohnung oder sein Haus auf möglicherweise vorhandene Schwachstellen zu kontrollieren. Weiterhin sollte ein Befall von Ratten oder Mäusen schon auf dem Grundstück bekämpft werden, bevor sie den Weg in das Gebäude finden oder eine kurzzeitig offen stehende Tür als gastliche Einladung verstehen. Leider werden solche Überlegungen, ob sich eventuelle Schwachstellen am Haus befinden, erst angestellt, wenn man den berühmten „Schuss vor den Bug" bekommt. Denn mit Sicherheit gehen Ihnen alle erdenklichen Schwachstellen, die den Tieren den Eingang ermöglichen, blitzartig durch den Kopf, wenn an Ihnen zum Beispiel auf einer Terrasse aus heiterem Himmel eine Wanderratte vorbeihuscht. War die Terrasse vorher immer der Ort der Entspannung, werden Sie auf ihr jetzt bestimmt nicht mehr relaxen können, solange nicht festgestellt wird, ob sich die Tiere eventuell in der unmittelbaren Nähe versteckt halten.

Eine Besiedlung durch Wanderratten, aber auch zum Teil durch Mäuse, kann an den verschiedensten Orten auf einem Grundstück erfolgen, wobei der **Komposthaufen** für die Wanderratte ein Klassiker ist. Neben den für die Wanderratte appetitlichen Nahrungsresten bietet er auch durch das Verrotten des organischen Abfalls selbst im Winter eine behagliche Wärme. Beliebt sind auch **Vogelhäuser** als Nahrungsquelle im Winter. Selbst wenn sie so aufgehängt oder aufgestellt werden, dass die Nager mit aller Wahrscheinlichkeit keinen Weg finden, an den Imbiss heranzukommen, reicht ihnen meist das, was die Vögel bei ihrer Suche nach Futter herunterwerfen. Neben aufgeschichtetem **Kaminholz** sind bei den Tieren auch zugekramte Ecken sehr willkommen.

Fast auf jedem Grundstück lassen sich Bereiche finden, in denen Material zwischengelagert wird, für das zurzeit keine Verwendung besteht, wobei einige Materialien über die Jahre vergessen sind, sodass sich wundervolle ruhige Bereiche ergeben, in denen ein Befall auch meist sehr spät entdeckt wird. Solche „Kramecken" können sich auch in **Geräteschuppen** befinden, womit wir einen weiteren Ort haben, der auf einen möglichen Befall hin kontrolliert werden sollte. Werden in dem Geräteschuppen auch noch die Gelben Säcke aufbewahrt, steigt das Risiko, dass sich in der Nähe ein Wanderrattenrudel niederlässt. Der Befall muss nicht immer zwangsläufig den Geräteschuppen direkt betreffen, denn oft werden von den Tieren die als Boden dienenden Gehwegplatten von außen unterwühlt. Gleiches kann auch an Treppenstufen zum Haus beziehungsweise Garten oder aber an Fundamenten geschehen.

Wenn es den Wanderratten angeboten wird, bevorzugen sie auch die Hanglage für ihre Bauten. Gerade an kunstvoll angelegten Gärten sind kleinere Sandhänge oder auch Steinhaufen zu finden, die von den Wanderratten zweckentfremdet werden können.

Steht ihnen ein solcher Hang in dem eigentlichen Garten nicht zu Verfügung, können es auch mal die angrenzenden Einfriedungen oder der Erdwall der Lärmschutzwand sein, die heutzutage fast jedes neue Wohngebiet umgibt. Sind diese Bereiche dann auch noch gut begrünt, bleibt für eine Wanderratte kaum noch ein Wunsch offen. Aber auch die eigenen Gartenbeete können von einem möglichen Befall nicht ausgeschlossen werden. Siedeln sich Wanderratten in Beeten an, geschieht dies in aller Regel in dicht bepflanzen Bereichen.

Ein weiterer „Dauerbrenner" sind **Tierstallungen** jeglicher Art, wobei die Haltung von gefiederten Tieren die Wanderratten magisch anzuziehen scheint. Sie untergraben auch hier die zum Schutz der Tiere aufgestellten Häuschen oder Futterstellen. Wer aber glaubt, Hundezwinger oder frei stehende Hundehütten werden von Wanderratten nicht heimgesucht, sollte sich freuen, wenn die Tiere ihn nicht genau an dieser Stelle eines Besseren belehren. Überall dort, wo Tierfutter liegen bleibt oder auch mal verschüttet wird, können sich Ratten einfinden. Das gilt für das Kaninchengehege genauso wie für den Gartenteich, in dem Fische gefüttert werden.

Manche Geschichten könnten fast als amüsant empfunden werden, wenn sie die Betroffenen nicht in Schrecken versetzt hätten. So berichteten mir Gartenteichbesitzer von Fischfütterungen am helllichten Tage, wobei das Werfen des Fischfutters in den Gartenteich beinahe einem Startschuss eines Wettkampfes gleichkam: Auf der einen Seite die Fische, die sich zu dem Futter aufmachten, auf der anderen die Wanderratten, die aus ihren Löchern am Teich kamen und mit den Vorderpfoten versuchten, das Fischfutter mittels „Paddeln" an der Wasseroberfläche ergattern zu können. Einige Tiere sind sogar ins Wasser gesprungen und haben sich schwimmend ihren Anteil gesichert. In diesem Fall konnte durch die Bekämpfung der Wanderratten nicht nur der Frieden im Garten wiederhergestellt, sondern der Bedarf an Fischfutter deutlich gesenkt werden.

Haben Sie das Grundstück auf einen möglichen Befall von Schadnagern hin kontrolliert, sollten Sie zu guter Letzt noch einen Blick auf die sich eventuell auf dem eigenem Grundstück befindlichen **Gullys** richten. Vielleicht kommen die Störenfriede ja aus der Kanalisation. Beachten Sie aber, dass Gullydeckel, die sich auf öffentlichen Wegen befinden, von Anwohnern nicht geöffnet werden dürfen. Bei einem entsprechenden Verdacht bleibt einem nur, nach Wechseln zu suchen, die auf das eigene Grundstück führen, und die zuständige Behörde zu informieren.

Wanderrattenbau und ein deutlich zu erkennender Wechsel unter einem Holzstapel

Einstiegspforten für Nager

Nach dem Kontrollgang auf dem Grundstück sollten Sie das Wohnhaus auf mögliche Einstiegsstellen für Ratten und Mäuse hin untersuchen. Häuser bieten je nach ihrer Bauart die unterschiedlichsten Möglichkeiten für Schadnager, bis in die Wohnstube vorzudringen. Während Altbauten zum Teil noch einen schönen alten Dielenboden haben und somit einen Problembereich besitzen können, der bei Neubauten so nicht zu finden ist, sind selbst neuere Gebäude nicht immer ganz sicher vor dem Eindringen der unbeliebten Tiere.

Eine häufig genutzte Eintrittspforte für Ratten und Mäuse ist die geöffnete Tür. Werden Türen, ganz speziell **Terrassentüren**, zum Lüften geöffnet oder bei kurzen Erledigungen im Garten offen gelassen, kann auch eine Maus oder Ratte dieser Einladung

Rattenbau auf einer Terrasse. Der Kiesstreifen ist nicht tief genug und die Steine zur Abwehr halten die Ratten nur kurz auf.

nicht immer widerstehen. Ähnlich verhält es sich mit den Kellerfenstern, die zur Lüftung ohne eine entsprechende Sicherung oft den ganzen Tag geöffnet bleiben. Ist man sich dieser Gefahr bewusst, kann hier durch etwas Eigendisziplin schon Abhilfe geschaffen werden.

Andere Gefahrenpunkte, die den Schadnagern den Einstieg ins Haus ermöglichen, sind oft nicht so leicht zu beseitigen. Bei Altbauten bestehen die Zugänge zum Keller, zu alten Waschküchen, Nebenräumen, Werkstätten oder anderen Anbauten nicht selten aus einfachen **Holztüren**. Auch wenn diese Türen sehr stabil gefertigt wurden, ist der Zahn der Zeit an ihnen bestimmt nicht ohne entsprechende Spuren vorübergegangen. Neben leichten Defekten können sich die Türen auch verzogen haben, sodass sie nicht mehr richtig im Bodenbereich abschließen. Manchmal ist der Spalt, der sich bei einer nicht korrekt schließenden Tür ergibt, nur zu erkennen, wenn Sie in die Hocke gehen oder sich tief hinunterbeugen. Weitere Angriffspunkte bei den Altbauten finden sich im **Fundament**, wenn dessen Abdichtung nicht mehr vollständig intakt ist oder es untergraben werden kann, was die Tiere dann unter den Dielenbereich führt. Ein weiterer Schwachpunkt im Mauerwerk sind **Belüftungslöcher**, die nicht gesichert oder defekt sind. Neben nachträglichen Mauerdurchbrüchen für Versorgungsleitungen stellt auch ein **schadhaftes Mauerwerk** eine nicht zu unterschätzende Gefahr dar.

Aufgrund der verschiedensten Hausarten und Bauweisen lassen sich an dieser Stelle nicht alle potenziellen Einstiegspforten für Schadnager aufführen. Aber jeder kann, wenn er mit offenen Augen um sein Haus geht, die jeweiligen Schwachstellen erkennen. Achten Sie besonders auf das gute Abdichten der Türen/Tore und auf die Unversehrtheit des Mauerwerks. Gerade Dichtungsgummis an Garagentoren sind kein unüberwindbares Hindernis für Nagezähne. Sind dann die Garagen auch noch mit dem Wohngebäude verbunden, kann bald mit dem Besuch der Langschwänze gerechnet werden.

Ebenfalls sollten Sie Materialien, die für eventuelle Abdichtungsarbeiten am Mauerwerk, wie sie zum Beispiel bei Leitungsdurchbrüchen zu finden sind, näher betrachten. Bauschaum und Silikon können Ratten und Mäuse nicht lange aufhalten. An einigen Häusern befinden sich oft zu späteren Anbauten Fugen, die nicht optimal gesichert wurden. Bewuchs an den Hauswänden bis zum Dachbereich erhöht durchaus das Risiko, dass sich die ungewollten Besucher einen Zutritt über eine nicht komplett intakte Holzverkleidung im Traufenbereich oder dem Dach verschaffen.

Viele der angesprochenen Mängel können mit relativ wenig Aufwand und mit geringen Kosten in eigener Regie behoben werden. Hilfe bietet in einigen Fällen auch der Fachhandel durch entsprechende Produkte.

Beheben von Schwachstellen

Nach der einfach durchzuführenden Gefahrenanalyse am eigenen Haus mit dem dazugehörigen Garten geht es nun um die Beseitigung der festgestellten Schwachstellen. Jeder kann sein Eigentum wirksam gegen die unerwünschten Eindringlinge schützen. Auch wird nicht viel handwerkliches Geschick benötigt, um mit oft kleinen Veränderungen an Haus und Garten den Schadnagern die deutliche Botschaft zu vermitteln, dass sie hier unerwünscht sind.

Im Garten

Oft reicht es aus, wenn einige Vorsichtsmaßnahmen eingehalten werden, damit gerade die Wanderratten auf dem eigenen Grundstück nicht sesshaft werden. Auf unserem Sorgenkind, dem Komposthaufen, sollten keinerlei Lebensmittel verbracht werden. Leider hält sich noch vielerorts hartnäckig die Meinung, dass nur gekochte Lebensmittel nicht auf den Komposthaufen geworfen werden sollten. Leider verschmähen Wanderratten auch die Rohkost nicht. Möchten Sie jegliches Risiko ausschließen, bieten sich komplett **geschlossene Schnellkomposter** an, die den Wanderratten keine Möglichkeit bieten, in die aufgeschichteten Materialien zu gelangen. Beim Aufstellen eines Schnellkomposters empfiehlt es sich, vorher einen festen Boden zu schaffen, der den Komposter auch nach unten hin sicher abschließt. Andernfalls könnten sich die Wanderratten einfach den Zugang in die „warme Stube" freigraben. Im Fachhandel sind für diesen Zweck Lochmatten erhältlich, die von den Tieren nicht durchgenagt werden können. Sie können aber genauso gut Gehwegplatten oder andere feste Materialien als Boden verlegen.

Grundsätzlich sollten Sie vermeiden, dass die Schadnager auf Ihrem Grundstück Nahrung finden. Gerade bei der Fütterung von Haus- und Nutztieren sollten Sie daher besondere Sorgfalt walten lassen und nur so viel füttern, wie die Tiere auch am Tage fressen können. Somit bleibt kein Futter über Nacht liegen, was möglicherweise andere hungrige Tiere anlocken könnte. Wurde einmal zu viel gefüttert, sollten Sie die **Futterreste** gegen Abend aus den Futterschalen und den Stallungen entfernen.

Tierfutter sollte nicht als Sackware oder in offenen Behältnissen in oder bei den Stallungen bevorratet sein, sondern in stabilen Behältnissen fest verschlossen und für Schadnager unzugänglich gelagert werden. Mit der gleichen Aufmerksamkeit sollten Sie sich auch der Lagerung der Gelben Säcken widmen und sie am besten hängend, ebenfalls für die Ratten unerreichbar, aufbewahren. Wanderratten können aber auch in **Mülltonnen** auf Nahrungs-

Schwachstellen am Haus, die von Ratten und Mäusen genutzt werden.

1 Fallobst
2 Komposthaufen als Nahrungsquelle und Nistbereich
3 Fallrohre als Aufstiegsmöglichkeit
4 Belüftungslöcher im Mauerwerk
5 Terrassentür
6 Bodendecker / starker Bewuchs am Haus
7 Vogelhäuser
8 Kellertür
9 Kaminholzstapel
10 Kellerfenster
11 Fehlendes Traufgitter
12 Bewuchs an der Hauswand
13 Gelber Sack / Bio- oder Mülltonnen
14 Geräteschuppen
15 Kramecke
16 Tierfutter und dessen Bevorratung
17 Kanalisation und deren Endung im Haus
18 Gartenteiche / Fischfutter

suche gehen, denn der Deckel einer Müll- oder Biotonne stellt für eine Wanderratte kein unüberwindliches Hindernis dar. Hier können Gewichte auf der Tonne oder Schlösser an den Deckeln Abhilfe schaffen. Nicht zuletzt kann es aber auch das **Fallobst** aus dem heimischen Garten sein, das der Wanderratte eine sehr attraktive Nahrungsquelle bietet, wenn dieses nicht gleich abgesammelt wird. Im Herbst und im Winter finden die Nager auch in den gut bestückten Vogelhäusern eine ergiebige Nahrungsquelle. So manchen Vogelliebhaber werden dabei schon die Nackenhaare hoch gestanden haben, wenn eines Tages ein langer Schwanz aus dem Vogelhaus heraushing. **Vogelhäuser** können Sie durch eine stabile, trichterförmige Manschette, die um den Stamm herum angebracht wird, vor Nagern schützen. Vogelhäuser, die mit einem Band an einem Ast oder Ähnlichem angehängt wurden, laufen ebenso nicht Gefahr, von den ungeliebten Tieren besucht zu werden.

Auch in den „Kramecken“ sollte aufgeräumt werden. Vielleicht ist jetzt die Zeit gekommen, dass Sie sich von etwas trennen und so ein wenig Ordnung schaffen. Wenn auch nicht alle Materialien, die sich im Laufe der Zeit angesammelt haben, entsorgt werden, sollten zumindest die Ecken frei geräumt und das Material erhöht gelagert werden. So werden Versteckmöglichkeiten stark eingeschränkt und ein Befall kann schneller erkannt werden. Kaminholz, das direkt auf den Boden gestapelt wurde, bietet den Langschwänzen ausreichend Versteckmöglichkeiten. Eine Unterkonstruktion, wie zum Beispiel Holzpaletten, erlaubt einem auch einmal den Blick unter das aufgestapelte Holz. So wird ein Befall zwar nicht gänzlich verhindert, aber er kann ebenfalls leichter erkannt und somit auch zügiger bekämpft werden. Jetzt wäre auch der richtige Zeitpunkt, die Grünanlagen etwas auszudünnen, um auch hier den Tieren keine Möglichkeit zu bieten unerkannt zu bleiben. Gerade um gefährdete Gebäude oder Ställe wäre ein bewuchsloser Streifen von etwa 50 cm Breite von Vorteil. Auf dem bewuchslosen Streifen können Sie hinterlassene Spuren schnell erkennen und Gegenmaßnahmen ergreifen.

In der Regel reichen aufgelockerte Beete, in denen auf Bodendecker verzichtet wird.

Am Haus

Schwachstellen am Haus sind meist mit wenigen, aber sinnvolle Veränderungen zu beheben. Stellt die witterungsbedingt offen stehende **Terrassentür** eine potenzielle Gefahr für den Zulauf von Schadnagern dar, so lässt sich diese Schwachstelle mit einer installierten Fliegenschutztür einfach beheben. Mit einer Fliegenschutztür kann verhindert werden, dass sich Tiere in die Wohnung verirren. Nebenbei hält sie auch noch eine Reihe von Ungeziefer fern. Fliegenschutztüren werden im Fachhandel in allen erdenklichen Variationen angeboten. Durch eine Beratung finden Sie schnell den Türtyp, der für die eigene Wohnsituation die beste Lösung bietet.

Das Untergraben von **Fundamenten** lässt sich durch eine einfache bauliche Maßnahme, nämlich die Anlage eines groben Kiesstreifens an der Hauswand, verhindern. Der Kiesstreifen sollte mindestens 30 cm breit und ebenso tief sein. Er verhindert die Grabtätigkeiten der Wanderratten. Bei der Anlage des Kiesstreifens festgestellte **Defekte im Mauerwerk- und Fundamentbereich** sowie nicht ausreichend abgedichtete Leitungsdurchbrüche sollten fachmännisch instand gesetzt werden. Wenn Sie handwerklich nicht gerade unbegabt sind, können Sie diese Arbeiten selbst verrichten. Lochbleche, die in fast jedem Baumarkt zu bekommen sind, schützen die im Mauerwerk vorhandenen **Belüftungslöcher** oder auch vorhandene **Lichtschächte**. Sie können problemlos über die Öffnungen geschraubt werden und sichern so auch diese mögliche Einstiegsstelle. Bei den Lochblechen sollten Sie nur beachten, dass die Lochgröße 5 mm nicht übersteigt.

Unzureichend abschließende Türen, wie sie oft an Anbauten oder Kellereingängen zu finden sind, können mit einer nachträglich angebrachten Holzleiste oder einem Blechstreifen gesichert werden. Nur leider wird hierbei der Eigentümer oft auf eine harte Probe gestellt. Denn häufig ist der Bodenbereich um die Tür so uneben, dass die zum Abschluss angebrachte Leiste das Öffnen der Tür verhindert, weil sie jetzt am Fußboden hängen bleibt. Für dieses spezielle Problem sind im Fachhandel Bürstenleisten zu bekommen, die den Durchschlupf von

Nagern verhindern und von diesen auch nicht durchgenagt werden können. Trotzdem ermöglichen sie das sichere Verschließen der Tür und auch das Öffnen auf unebenen Bodenbereichen. Die Schutzleisten sind mit verschiedenen Bürstenlängen und Winkeln zu erhalten und können auch vertikal an Türen oder Fenstern angebracht werden. Eine stabile Aluminiumleiste an der Bürste erleichtert die Montage.

Je nach Bauart, Lage und Bewuchs des Gebäudes kann es auch notwendig sein, das **Dach** vor dem Einschlupf der Schadnager zu schützen. Defekte am Unterschlag oder an Verkleidungen lassen sich meist mit einigen Holzleisten oder anderen stabilen Materialien verschließen. Ebenfalls sollten die Fallrohre der Dachrinnen vor Einschlupf gesichert werden. Ist der Dachbereich einer besonderen Gefährdung ausgesetzt, bietet der Einbau von Traufgittern (als Meterware beim Dachdecker zu bekommen), die auf den Traufbalken angebracht werden, einen sehr guten Schutz.

Traufgitter unter den Dachpfannen verhindern den Einschlupf unter das Dach.

Nicht vergessen sollten Sie die **Kanalisation** bzw. die **Abwasserleitung** des Gebäudes. Weil Wanderratten durchaus in der Lage sind, die Leitungen bis in die Toilette hinaufzuklettern, kann eine Rattenklappe, die wie eine Rückschlagklappe funktioniert und einfach in das Abwasserrohr eingesetzt wird, vor bösen Überraschungen schützen. Kurzfristig können auch alkalische Toilettenreiniger eine Ratte davon abhalten, gerade diese Toilette aufzusuchen.

Bekämpfung der Nagetiere

Bevor zu einer Bekämpfung geschritten werden kann, sollten **Schädlingsart, Befallsorte sowie deren Ausdehnung** ermittelt werden. Sie dienen als Entscheidungshilfe dafür, mit welcher Maßnahme Sie dem Befall zu Leibe rücken und wo Sie die Fallen oder Köder postieren. Genauso wichtig ist es, die Ursachen für den Befall oder dessen Begünstigung aufzuklären und diesem entgegenzuwirken, sonst könnte eine Bekämpfung schnell zu einer „never ending story" werden, weil immer wieder Tiere erneut eindringen. Auch wenn man gelegentlich dazu neigt, den zweiten Schritt vor dem ersten zu machen, ist es unerlässlich, die Schädlingsart zu ermitteln, denn eine Mäusebekämpfung gestaltet sich ganz anders als eine Rattenbekämpfung. Das ist auch der Grund dafür, dass die Bekämpfungsmaßnahmen getrennt behandelt werden, auch wenn gewisse Parallelen zu erkennen sind. Die dabei verwendeten Rodentizide (Mittel gegen Nagetiere, Gifte) werden später gesondert mit ihren Wirkstoffen und ihrer Wirkungsweise beschrieben.

Grundsätzlich gilt für die Bekämpfung von Ratten und Mäusen:
Es ist ganz gleichgültig, wie der einzelne Entschluss (ob Giftköder oder Fallen) für eine jeweilige Bekämpfungsmaßnahme aussehen mag. Es dürfen bei den durchgeführten Maßnahmen keine Kinder, Haus- und Wildtiere sowie das Umfeld negativ beeinträchtigt werden. Gerade im Umgang mit giftigem Ködermaterial muss ein hohes Maß an Verantwortungsbewusstsein vorausgesetzt werden.

Um eine schnelle Tilgung zu erreichen, sollten befallene Bereiche nicht umgeräumt oder sonst irgendwie stark verändert werden. Bei den Tieren wird dadurch Argwohn geweckt, wodurch eine Köderannahme verzögert wird oder gänzlich unterbleibt.

Mäusebekämpfung

Zu Anfang muss unterschieden werden, ob es sich bei den vorgefundenen Spuren um einen **Befall** (mehr als ein bis zwei Tiere) oder um ein **zufällig in das Gebäude eingedrungenes Tier handelt**. Während eine verirrte Maus problemlos mit einer Mausefalle gefangen werden kann, werden Sie bei einer etablierten Mäusepopulation damit ein Problem bekommen. Auch wenn am ersten Tag mit einer Mausefalle durchaus mehrere Mäuse, meist Jungtiere, gefangen werden können, setzt nach zwei bis drei Tagen bei den Tieren ein gewisses Misstrauen der Falle gegenüber ein, sodass der Fangerfolg gänzlich ausbleibt. Diese Situation kann fälschlicherweise eine Befallstilgung vermuten lassen. Ein verfrühtes Einstellen der Bekämpfungsmaßnahmen und eine wieder ansteigende Populationsgröße wären die Folgen. Mausefallen können einen bestehenden Befall deutlich reduzieren, eine Befallstilgung kann hier jedoch nur durch den Einsatz von Ködergiften erzielt werden.
Die Entscheidung, der Mausefalle für eine Bekämpfungsmaßnahme den Vorzug zu geben, liegt oft an der Angst davor, dass die Tiere in der Wohnung verenden, und die daraus entstehende Geruchsbelästigung. Aus meiner Erfahrung kann ich sagen, dass die verendeten Tiere in der Regel schnell gefunden werden, sodass auch die Gefahr der Geruchsbelästigung zügig gebannt wird. Bei dem Einsatz von Mausefallen sollte Sie zuvor noch bedenken, dass die Verwendung Zeit in Anspruch nimmt. Dabei ist es völlig unerheblich, ob Lebend- oder Totschlagfallen aufgestellt werden.

Fallen müssen mindestens zweimal am Tag kontrolliert werden, um zu vermeiden, dass dem Gefangenen nicht unnötig Leiden verursacht werden, wie es das Tierschutzgesetz von uns verlangt (siehe auch „Rechtliche Aspekte", S. 79).

Verschiedene im Handel erhältliche Mausefallen

Bei der Kontrolle der Fallen müssen gefangene Tiere aus einer Schlagfalle entsorgt und lebend gefangene Tiere an einem anderen Ort wieder frei gelassen werden. Dabei wird der eine oder anderen feststellen müssen, dass ihm der Umgang mit den Mäusen doch nicht so liegt, wie er es sich vielleicht vorgestellt hat. Wenn noch keine Mausefallen im Haushalt vorhanden sind, steht man vor der Qual der Wahl, welche Mausefalle im Handel erworben werden soll. Den meisten wird erst dann bewusst, wie vielfältig hier das Angebot ist. Neben etwas eigentümlich aussehenden Produkten bis hin zur der uns allen bekannten einfachen Schlagfalle gibt es die verschiedensten Modelle zu kaufen. Deshalb wird oft über den Preis entschieden, welche Falle es am Ende ist. Denn Falle ist gleich Falle, oder? Leider nicht, denn schon bei der einfachen Mausefalle gibt es starke Unterschiede in der Qualität und bei dem Auslösemechanismus, was auch den Fangerfolg beeinflusst. Sicherlich kennen Sie auch die Geschichte, dass bei einer aufgestellten Falle der verwendete Köder zwar verschwunden war, aber sonst eher wenig passiert ist. Wenn so etwas mehrmals vorkommt, kann man sicher sein, dass außer der eigenen Hoffnung nichts in der Falle stirbt.

Aber woran liegt es, dass der Köder verschwindet, aber keine Maus gefangen wird? Das große Manko an diesem Fallentyp liegt darin, dass die Mäuse bis an den Köder herankommen können und erst, wenn sie den Köder herunterdrücken, den tödlichen Mechanismus auslösen. Nur leider geschieht dies in den wenigsten Fällen und die Mäuse knabbern den Köder einfach weg. Der unschlagbare Vorteil aber an diesem Fallentyp liegt eindeutig in dem niedrigen Preis. Wenn Sie aber mehr Geld bei der Anschaffung von Mausefallen ausgeben, achten Sie darauf, dass die Mäuse auf eine Trittfläche steigen müssen, die dann den Mechanismus auslöst, bevor sie an den Köder gelangen können. Zu diesem Zweck haben viele **Schlagfallen** ein Loch in der Köderplatte, sodass der Köder unter der Platte deponiert werden kann. Ein weiterer Vorteil einiger Fallen ist, dass der Schlagbügel, der die Maus im Genick trifft, nicht selbst betätigt werden muss, um das gefangene Tier zu entfernen.

Bei **Lebendfallen** sollten Sie besonders auf die Funktionsfähigkeit achten. Weil nicht zuletzt auch aus Kostengründen die Fallen aus dünnem Draht und Metallplättchen gefertigt werden, können diese schnell einmal verbiegen und die Falle unbrauchbar machen. So ist es auch einem Herrn passiert, der mir stolz seinen Fangerfolg zeigen wollte und wir beide noch rechtzeitig dazukamen, um die Maus beim Herausklettern zu beobachten.

Bei der Frage nach dem richtigen Köder gehen die Meinungen erheblich auseinander. Neben dem immer wieder benutzten Käse oder Speck, der meist nicht zu hohem Fangerfolg führt, können auch Schokolade, Nüsse, Rosinen und vieles mehr verwendet werden. Die Falle wird von der Maus als Nahrungsquelle angesehen und sollte daher mit der Beköderung in das Umfeld passen. Vielleicht haben die Mäuse schon Lebensmittel angeknabbert, dann können diese als **Ködermaterial** dienen und der Rest der angefressenen Lebensmittel entfernt werden. Selbst mit Watte sollen schon gute Fangerfolge erzielt worden sein. Watte ist für Mäuse ideales Nistmaterial und bei dem Versuch, dieses zu ergattern, ist schon so manche Maus in die Falle getappt.

Um mit einer aufgestellten Falle Erfolg zu haben, sind einige Grundregeln zu beachten. Mäuse haben Fressfeinde und verhalten sich entsprechend, nicht nur draußen, sondern auch in Gebäuden. Wenn Sie eine Maus beobachtet haben, die auf ihrer Flucht quer durch ein Zimmer gelaufen ist, wird mit einer Falle, die mitten im Raum postiert wurde, kaum ein Tier zu fangen sein. Mäuse laufen meist an Wänden und unter Einrichtungsgegenständen, die an ihnen stehen, entlang. Das ist für sie der beste Schutz vor vermeintlichen Fressfeinden. Nur Tiere, die sich sicher fühlen, fangen an zu fressen oder suchen nach Nahrung. Ein sicheres Gefühl wird den Tieren auch vermittelt, wenn die Falle zwar geschützt aufgestellt wird, aber ausreichend Fluchtmöglichkeiten bietet. Ideale Standorte sind daher unter oder hinter den Schränken, aber auch in Schränken oder in Regalen hinter dem Lagergut. Wenn das Verhalten der Mäuse bei dem Aufstellen der Fallen berücksichtigt wird, sollte sich auch der Erfolg einstellen. Konnte vorweg die Nahrungsquelle der Mäuse ausfindig gemacht werden, sind Fallen an diesem Ort ebenfalls richtig postiert.

Haben Sie sich bei der Mäusebekämpfung für **Giftköder** entschieden, benötigen Sie etwa **20 Gramm pro Köderstelle**. Die Reviere der Mäuse sind relativ klein, das muss bei der Bekämpfung unbedingt berücksichtigt werden. Mäuse müssen den Köder innerhalb ihres Aktivitätsraums vorfinden, ansonsten bleibt er von ihnen voraussichtlich unentdeckt. Als Faustregel rechnet man mit einem **Verhältnis 1:2**, also eine Köderstelle pro etwa 2 Quadratmeter Grundfläche. Geht man davon aus, dass Reviere der Hausmaus in Gebäuden bei ausreichendem Nahrungsangebot etwa 4 bis 6 Quadratmeter umfassen, reichen in der Regel zwei bis drei Köderstellen für eine Bekämpfung aus.

Der **Giftköder**, der meist auf Getreidebasis hergestellt wird, sollte aus Sicherheitsgründen immer in Köderboxen ausgelegt werden. Gerade wenn Kinder und Haustiere in der Wohnung leben, ist die **Verwendung von Köderboxen** ein Muss. Sie ermöglichen zum einen das sichere Auslegen von Giftködern und bieten den Mäusen gleichzeitig auch den

Verschiedene Mäuseköderboxen für die sichere Giftauslage

Schutz, der sie in Ruhe fressen lässt. Weiterhin wird gerade durch den Höhlencharakter die Neugierde der Tiere geweckt, denn vielleicht könnte es sich ja um den idealen Unterschlupf bzw. eine Nistmöglichkeit handeln. Köderboxen werden meist aus Hartplastik oder Pappe in entsprechenden Fachmärkten angeboten. Die Hartplastikköderboxen lassen sich oft nur durch einen Spezialschlüssel öffnen, was Ihnen eine zusätzliche Sicherheit bietet. Eine weitere Sicherung ist mit einigen Köderprodukten möglich, die sich durch vorgefertigte Löcher oder eingearbeitete Drähte in der Köderbox befestigen lassen. So können sie nicht von den Mäusen verschleppt und von Kindern oder Haustieren herausgeschüttelt werden.

Köderboxen müssen regelmäßig kontrolliert werden, wobei der aufgefressene Köder nachgefüllt wird. Die Köderauslage wird so lange fortgesetzt, bis kein Fraß mehr erfolgt. Meist lässt sich nach zwei bis drei Tagen eine Wirkung durch die Beköderung erkennen. Die Befallstilgung tritt in der Regel in der ersten Woche ein. Herrscht kurz nach der Köderauslage Ruhe und ist auch sonst kein Hinweis auf aktive Tiere mehr zu erkennen, sollten Sie die Köderauslage nicht gleich beenden. Bei einer Mäusebekämpfung ist es erforderlich, den Köder nach der vermeintlichen Befallstilgung noch weitere zwei Wochen an Ort und Stelle zu belassen. Wenn sich zur Zeit der Bekämpfungsmaßnahme Jungtiere im Nest befinden, die etwa 20 Tage alt sind, würde das Ausbleiben des Muttertieres diese zum Verlassen des Nestes bewegen. Eine neue Mäuseaktivität wäre die Folge.

Von Zeit zu Zeit kann beobachtet werden, dass in den Köderboxen das Ködermaterial mit allerlei Kram bedeckt wurde. Diese Köderstellen wurden von den Mäusen entdeckt und die vermeintliche Nahrungsquelle zum Schutze vor Futterkonkurrenten versteckt. In dem Fall hat die Köderstelle die Funktion einer Vorratskammer und es ist fraglich, wann auf diese zurückgegriffen wird.

Rattenbekämpfung

Geht man davon aus, dass laut Schätzungen 150 bis 200 Millionen Wanderratten in Deutschland zu Hause sind, kommen damit etwa zwei bis drei Tiere auf jeden Bundesbürger. Danach ist es nur eine Frage der Zeit, wann jeder Einzelne sein persönliches Erlebnis mit diesen Tieren hat.

Wie auch bei der Mäusebekämpfung lassen sich einzelne verirrte Ratten mit Fallen fangen, wobei auch die gleichen Qualitätsunterschiede bei den einzelnen Fallentypen zu beachten sind.

Im Gegensatz zur Maus ist die Ratte aber wesentlich vorsichtiger, wenn es darum geht, eine neue Nahrungsquelle anzunehmen. Deshalb muss das verwendete Ködermaterial dem Umfeld angepasst und Konkurrenznahrung entfernt werden. Weiterhin sollten aber keine Veränderungen in den Aktivitätsraum der Wanderratte vorgenommen werden, weil die Tiere auf jegliche Veränderung mit **starkem Misstrauen** reagieren. Ratten geben ihre gewonnenen Erfahrungen innerhalb ihres Rudels weiter. Kommt also einer Ratte eine Nahrungsquelle nicht geheuer vor, werden in den meisten Fällen auch die anderen Rudelmitglieder die Nahrungsquelle meiden. Oft werden Nahrungsquellen dort, wo eine Ratte eine Gefahr vermutet, mit Urin gekennzeichnet. So finden sich auch hin und wieder Köder mit feuchten Stellen, die natürlich ausgewechselt werden müssen. Diese Verhaltensweise der Ratten ist mit ein Grund dafür, dass die Rattenbekämpfung entweder ein hundertprozentiger Erfolg oder eine totale Niederlage wird.

Die **Köderplätze**, die bei der Ratte entlang deren Laufwege oder bei der Nahrungsquelle postiert werden, sollten etwa **200 Gramm Giftköder** enthalten, wobei auch der Köder in einigen Fällen direkt in den Rattenbau geschoben werden kann. Zu diesem Zweck muss der Rattenbau nur so groß sein, dass der Köder komplett in dem Bau verschwindet. Anschließend muss der Eingang so weit gesichert werden, dass die Ratte den Köder nicht wieder hinausschieben kann. Die Gefahr bei dieser Köderausbringung liegt darin, dass die Ratten dem so präsentierten Köder schnell Misstrauen entgegenbringen. Außerdem kann der Köder, wenn er in einen Erdbau geschoben wird, bedingt durch die Bodenfeuchte schnell schimmeln und wird somit auch schnell für eine Ratte unappetitlich.

Entspricht der Giftköder der sonstigen Nahrungsquelle, wird die Annahme des Köders nicht lange

Rattenköderbox aus Hartplastik mit Spezialschlüssel

auf sich warten lassen. In einem Fall, bei dem ich einen Köder direkt in das Loch einer Zwischenwand in einem Pferdestall geschoben hatte, konnte ich noch, bevor ich den Bereich verlassen hatte, das Knabbern hinter der Wand hören.

Aus Sicherheitsgründen sollte auch der Rattenköder nicht offen ausgelegt werden. Viele Giftköder wurden auf der Basis von Weizenkörnern, Haferschrot oder anderen Saatgütern hergestellt. Diese Grundbasis schmeckt auch der heimischen Vogelwelt und anderen wild lebenden Tieren. Auch für die Rattenbekämpfung gibt es im Fachhandel Köderboxen zu kaufen, die eine **sichere Giftauslage** ermöglichen. **Rattenköderboxen**, die ebenfalls meist aus hartem Kunststoff gefertigt werden, bieten neben der sicheren Auslage auch der Ratte den nötigen Schutz vor Fressfeinden und somit auch die Möglichkeit, in Ruhe zu fressen.

Wenn Sie sich das Geld für eine Rattenköderbox sparen möchten, können Sie diese mit etwas Improvisation relativ einfach selbst herstellen. Neben stabilen Kunststoffrohren (die als Abfallstücke bei einem Sanitärbetrieb zu bekommen sind) können zum Beispiel Plastikkanister, Eimer oder Holzkisten zu einer Köderbox umfunktioniert werden. Zu beachten ist lediglich, dass die selbstgebaute Köderbox zwei gegenüberliegende Eingänge besitzt. Ohne die zweite Öffnung bietet die Box der Ratte keine Fluchtmöglichkeit und könnte deshalb aus Vorsicht von ihr verschmäht werden. Die Eingänge der Box sollten etwa 5 x 5 cm bei einer quadratischen und etwa 6 cm Durchmesser bei einer runden Öffnung messen. Weil Ratten gern in einer halbsitzenden Haltung fressen, ist es von Vorteil, wenn die Köderbox nicht zu flach ausfällt und dem Tier genügend Raum für die natürliche Fresshaltung bietet. Bei der Bekämpfung von Wanderratten reichen zwei bis drei Köderstellen mit einem Abstand von 5 bis 10 Meter zueinander, die in ihrem Aktionsradius postiert werden. Zu viele Köderstellen würde die Ratte nur misstrauisch machen. Eine Giftauslage erfolgt über 14 Tage, danach werden die Köderstellen kontrolliert und neuer Giftköder nachgelegt. Beködert wird so lange, wie der Giftköder noch angefressen wird. Danach können Sie eine Erfolgskontrolle durchführen, indem Sie die Rattenbauten verschließen. Bleiben sie verschlossen, wurde der Befall getilgt, werden sie allerdings wieder geöffnet, geht es in die nächste Runde.

Von einer Befallstilgung geht man aus, wenn ein vorher angenommener Köder sieben Tage unberührt bleibt. Manchmal bekommt man allerdings einen „kleinen Dämpfer“, wenn ein Köder einfach nicht angenommen wird, wobei eine Köderannahme durchaus ein bis zwei Wochen auf sich warten lassen kann. Dann bleibt Ihnen keine andere Wahl, als den Köder gegen einen anderen auszutauschen. Wenn ein Köder gefressen wird, sich aber auch nach zwei Wochen keine Befallsminderung erkennen lässt, müssen Sie davon ausgehen, dass Tiere neu zulaufen oder die Ratten gegen diesen Giftköder eine Resistenz besitzen. Bei dem Verdacht, dass die Ratten resistent gegen das verwendete Gift sind, sollte ein professioneller Schädlingsbekämpfer zur Hilfe hinzugezogen werden.

Ratten- und Mäusegift

Die heute verwendeten Ratten- und Mäusegifte sind **Antikoagulantien**. Sie unterbinden die Produktion der Blutgerinnungsfaktoren beim Wirbeltier. Ist die Blutgerinnung erst einmal stark herabgesetzt oder vollständig unterbunden, verbluten die Tiere. Zwar wäre die kleinste Verletzung schon tödlich, aber der überwiegend größte Teil der Tiere verendet an inneren Blutungen. Der Vorgang des inneren Verblutens dauert in der Regel mehrere Tage und ist abhängig von dem Wirkstoff und der aufgenommenen Menge. Die durch die einsetzenden inneren Blutungen stark geschwächten Tiere ziehen sich meist in ihr Nest zurück und verenden dort. Aus diesem Grund sind auch nach einer erfolgreichen Bekämpfungsmaßnahme kaum Tiere zu finden. Sie liegen nicht überall auf dem Hof verstreut, wie es sich vielleicht manche vorstellen. Bei diesem Wirksystem können die Artgenossen keine Verbindung mehr zwischen der aufgenommenen Nahrung und dem Sterben der Rudelmitglieder herstellen und der Köder bleibt für die anderen Tiere attraktiv. Gerade Ratten reagieren auf solche Ereignisse äußerst sensibel. Würde ein Akutgift zur Anwendung kommen, dass die Ratte gleich nach der Aufnahme des Giftes tötet, kann man davon ausgehen, dass kein weiteres Rudelmitglied den Köder anrühren wird.

Antikoagulantien werden seit den 1940er- und 50er-Jahren zur Nagerbekämpfung eingesetzt. Der bekannteste Wirkstoff aus dieser Zeit ist das **Warfarin**. Aber auch die Wirkstoffe **Chlorophacinon**, **Coumatetralyl**, **Dipacinone** und **Coumatetralyl** kommen aus der „ersten Generation“ der Antikoagulantien. Mit diesen Wirkstoffen ist es erstmals gelungen, eine zeitliche Verzögerung zwischen der Giftaufnahme und dem Verenden des Tieres zu erzielen. Der einzige Nachteil ist, dass die Tiere das Gift an mehreren Tagen hintereinander aufnehmen müssen, um eine tödliche Dosis zu erhalten. Das vermehrte Auftreten von resistenten Rattenstämmen hat dann in den 1960er-Jahren zur Entwicklung der „zweiten Generation“ der Antikoagulantien geführt.

Eine Resistenz gegenüber einem bestimmten Wirkstoff kann von einer Ratte nicht durch ein bestimmtes Verhalten erworben werden, wie oft geglaubt wird. Die Resistenz ist das Ergebnis einer **Selektion**. Ratten mit einer angeborenen genetischen Unempfindlichkeit gegenüber einem Wirkstoff überleben die Bekämpfungsmaßnahmen, während die Artgenossen verenden. Als Folge pflanzen sich nur die überlebenden Ratten aus dem Rudel fort und geben die genetische Veranlagung an ihre Nachkommen weiter. Ein resistenter Rattenstamm ist geboren.

Wirkstoffe aus der „zweiten Generation“ sind **Bromadiolon** und **Difenacoum**. Auch bei diesen Wirkstoffen müssen die zu bekämpfenden Tiere den Wirkstoff an mehreren Tagen aufnehmen, es muss aber nicht mehr zwangsläufig an darauffolgenden Tagen sein. Somit hatte man wieder ein potentes Mittel gegen die aufgetretenen resistenten Rattenstämme.

Mit den Wirkstoffen **Difethialon**, **Brodifacoum** und **Flocoumafen** wurde noch eine weitere Generation der Antikoagulantien geschaffen. Bei den Ködern, die diese Wirkstoffe beinhalten, reicht jeweils eine einmalige Aufnahme, um die Tiere mit einer tödlichen Dosis zu versehen. Sie besitzen die höchste Toxizität (Giftigkeit). Aus diesen Gründen sollte bei einer Bekämpfungsmaßnahme gegen Ratten den Wirkstoffen aus der „zweiten Generation“ der Vorzug gegeben werden.

Alle im Handel erhältlichen Wirkstoffe wurden einer strengen behördlichen Prüfung unterzogen, wobei eine Zulassung von der Behörde nur erteilt wird, wenn diese Wirkstoffe keine negativen Einflüsse auf die Gesundheit von Mensch, Tier (nicht Zieltiere) und Umwelt ausüben. Bei der Prüfung und der Zulassung geht die Behörde stets von der sachgerechten Anwendung aus. Im Handel sind die unterschiedlichsten Köderarten und -formen zu erwer-

Verschiedene Ratten- und Mäusegifte

ben. Am häufigsten angeboten werden die Köder auf Getreidebasis, wie zum Beispiel Haferflocken, Weizenkörner sowie andere Saatgüter. Diese Köder werden als lose Schüttköder (meist in auslegefertigen Portionsbeuteln) oder als gepresste Blöcke, Scheiben oder Pellets angeboten. Einige besitzen zusätzlich noch einen Wachsüberzug, um sie vor Schimmelbildung zu schützen, was besonders wichtig für feuchte Bereiche ist. Aber auch immer mehr Pastenköder sind in den Regalen zu finden.

Nach einer Bekämpfung müssen Sie alle verwendeten Giftköder wieder **entfernen und entsorgen**. Giftköder im Rahmen des häuslichen Bereichs gelten als Siedlungsabfall und dürfen somit im Restmüll entsorgt werden (siehe jeweilige Verpackungsbeschreibung). Nicht verbrauchte Köder können, wenn sie trocken und sicher vor Dritten gelagert werden, noch einige Zeit für Schadnager attraktiv bleiben. Letztendlich müssen Sie das Risiko abwägen, ob Sie Giftköder im Haus behalten oder bei Bedarf neu kaufen.

Rechtliche Aspekte

Hin und wieder stehen wir in einigen Bereichen des täglichen Lebens gelegentlich vor der Frage, ob das, was wir gern tun möchten, auch gesetzeskonform ist oder ob wir am Ende gegen irgendwelche geltenden Gesetze, Bestimmungen oder Verordnungen verstoßen, besonders wenn wir ein für uns unbekanntes Gebiet betreten. Da ich nicht glaube, dass die Bekämpfung von Ratten und Mäusen oder das Fangen von Steinmarder und Waschbär zum Tagesgeschäft der meisten Bürger gehört, können hier entsprechende Unsicherheiten entstehen. Gerade wenn es einem Steinmarder oder einem Waschbär an den Kragen gehen soll, sind viele verunsichert, ob sie diesen Tieren überhaupt nachstellen dürfen oder ob sie nicht doch zu den geschützten Tierarten gehören. Wird sich bei den größeren Tieren meist noch sachkundig gemacht, wird eine Maus oder eine Ratte in der Regel ohne Rücksicht auf Verluste bekämpft. Aber selbst hierbei gilt es, bestehende Gesetze einzuhalten, und erlaubt ist schon längst nicht mehr alles, was vor einigen Jahrzehnten den landwirtschaftlichen Hof rattenfrei gehalten hat.

Eine der größten Veränderungen in diesem Bereich erfolgte im Jahr 2002, als der Tierschutz mit in das Grundgesetz aufgenommen wurde. Waren Tiere zuvor nur „Sachen“, wird den Wirbeltieren jetzt eine Empfindungs- und Leidensfähigkeit durch den Gesetzgeber zugesprochen. Und so werden einem auch im **Tierschutzgesetz** empfindliche Strafen angedroht, wenn Wirbeltiere aus Rohheit Schmerzen oder Leiden zugeführt oder diese ohne einen „vernünftigen Grund“ getötet werden. Laut § 17 TSchG (Tierschutzgesetz) können solche Vergehen mit bis zu drei Jahren Freiheitsstrafe beziehungsweise einer Geldstrafe geahndet werden.

Was aber ist ein vernünftiger Grund im Auge des Gesetzes? Dieser Frage ist man in einem Gutachten des Bundesministeriums für Verbraucherschutz, Ernährung und Landwirtschaft (BMVEL) nachgegangen. Somit sind unter vernünftigen Gründen die gesundheitliche Gefährdung von Menschen oder Haustieren, Entstehung von wirtschaftlichen Schäden (zum Beispiel durch das Benagen von Kabeln oder Leitungen), Gefährdung des Verkehrs oder die Beeinträchtigung frei lebender Tiere oder Pflanzen zu sehen. „Okay, das trifft bei mir zu!“, wird sich jetzt der eine oder andere denken, aber leider finden wir im Tierschutzgesetz noch den § 4. Im Abs. 1 des § 4 ist zu lesen:

„Wirbeltiere dürfen nur unter Betäubung oder sonst, soweit nach den gegebenen Umständen zumutbar, nur unter Vermeidung von Schmerzen getötet werden. .... Ein Wirbeltier töten darf nur, wer die dazu notwendigen Kenntnisse und Fähigkeiten hat.“

Bedeutet das jetzt, dass der Privatmann keine Ratten und Mäuse mehr bekämpfen darf? Zum Glück wird uns im Abs. 1a dazu noch ein wichtiger Hinweis geliefert. Darin ist zu lesen, dass nur, wer berufs- oder gewerbsmäßig regelmäßig Wirbeltiere tötet (wie zum Beispiel der Schlachter oder der Schädlingsbekämpfer) gegenüber der zuständigen Behörde einen Sachkundenachweis zu erbringen hat. Somit ist die Privatperson, die sich einer Ratten- oder Mäuseplage entledigen möchte, davon ausgenommen. Vorsichtig sollten nur diejenigen sein, die eine Ratten- oder Mäusebekämpfung für Dritte, vielleicht im Rahmen einer Tätigkeit als Hausmeister, vornehmen möchten. Die Bekämpfungsmaßnahme kann dann als gewerbsmäßig ausgelegt werden und erfordert somit unter anderem das Erbringen eines Sachkundenachweises.

Erfreut darüber, dass Sie auf Ihrem Grund und Boden die Rattenbekämpfung in die eigenen Hände nehmen dürfen, sollten Sie noch beachten, dass die Hausratte, die wesentlich seltener vorkommt als die Wanderratte, auf der „**Roten Liste**“ der vom Aussterben bedrohten Tierarten steht. Die Rote Liste wird von dem Landesamt für Natur und Umweltschutz des jeweiligen Bundeslands herausgegeben und kann von Bundesland zu Bundesland starke Unterschiede aufweisen. Ob eine Bekämpfung in Einzelfällen möglich ist, kann durch einen Anruf in der Natur- und Umweltbehörde des jeweiligen Kreises schnell geklärt werden.

Wird jetzt zur Tat geschritten, um sich der Plagegeister zu entledigen, sollten Sie darauf achten, dass durch die eingeleitete Bekämpfungsmaßnahme keiner Person oder eventuell einem Haustier versehentlich ein Schaden entstehen darf. Geregelt durch das **Bürgerliche Gesetzbuch** (BGB) §823 (1) werden Sie zu Schadensersatz verpflichtet, wenn Sie vorsätzlich oder fahrlässig einer anderen Person einen körperlichen oder gesundheitlichen Schaden zufügen. Wer glaubt, dass ein sorgsamer Umgang mit Giftstoffen oder Totschlagfallen in seinem Fall nicht so eng gesehen werden muss, kann in der Zeit, in dem er auf den Erfolg seiner Bekämpfungsmaßnahme wartet, schon einmal im **Strafgesetzbuch** (StGB) §229 nachlesen, welche Strafen ihm drohen, wenn andere einen Schaden davontragen.

Geht es aber darum, einen Steinmarder oder Waschbären ein für alle Mal loszuwerden, ist die Gesetzeslage ein wenig komplizierter. Während der Steinmarder schon in dem **Bundesjagdgesetz** unter §2 (1) als ein Tier aufgeführt wird, das dem Jagdrecht unterliegt, finden wir den Waschbär erst in den **Länderjagdgesetzen** wieder. Denn laut Bundesjagdgesetz können die Länder weitere Tierarten bestimmen, die dem Jagdrecht unterliegen, was bedeutet, dass bei dem Fangen von Steinmarder und Waschbär die Einhaltung des Jagdrechts bindend ist. Viele werden an dieser Stelle überlegen, ob sie überhaupt weiterlesen sollen, da sie denken: „Ich bin doch kein Jäger, also werde ich den Tieren selbst nicht nachstellen können."

Hierüber klärt das Bundesjagdgesetz im §3 (Inhaber des Jagdrechts, Ausübung des Jagdrechts) auf. Unter (1) ist dort zu lesen:

„Das Jagdrecht steht dem Eigentümer auf seinem Grund und Boden zu. Es ist untrennbar mit dem Eigentum an Grund und Boden verbunden." Also ist generell dem Eigentümer eines Grundstücks das Jagen eines unter das Jagdrecht fallenden Tieres erlaubt, sofern die gesetzlichen Bestimmungen eingehalten werden.

Da es sich bei dem eigenen Grundstück laut Jagdgesetz um einen befriedeten Bezirk handelt, in dem die Jagd ruht, greifen hier die Regelungen zur Jagdausübung, die in dem jeweiligen Länderjagdgesetz niedergeschrieben sind. Leider können diese gewaltig voneinander abweichen und es würde hier auch den Rahmen sprengen, die Bestimmungen der einzelnen Länderjagdgesetze aufzuführen. Aber ich möchte als Beispiel einmal anhand des Jagdgesetzes von Schleswig-Holstein die mir als Privatperson gegebene Möglichkeit kurz anführen.

Generell war mir das Fangen von Tieren, die dem Jagdrecht unterliegen, gestattet. Weiteres regelt jeweils das Bundesland in seinem Landesjagdgesetz. In dem von Schleswig-Holstein ist im §4 (3) nachzulesen: „Eigentümer dürfen ... zur Schadensabwehr ... Steinmarder innerhalb der Jagdzeit tierschutzgerecht fangen, töten und sich aneignen. Eines Jagdscheins bedarf es hierzu nicht." Wie das aber bei Gesetzen so ist, finden wir anschließend einen Verweis auf den §28, in dem steht: „Es dürfen nur Fanggeräte verwendet werden, deren Bauart zugelassen ist und regelmäßig auf ihre zulässige Funktion überprüft werden. Die Fangjagd darf nur ausüben, wer an einem anerkannten Ausbildungslehrgang teilgenommen hat." Im Klartext bedeutet das: Jeder kann einen Steinmarder auf seinem Grund und Boden innerhalb der Jagdzeit (in der Schonzeit ist das Fangen des Steinmarders verboten) mit zugelassenen Fallen fangen, wenn er an einem Ausbildungslehrgang zur Fallenjagd teilgenommen hat.

Immer diese Gesetzestexte – hat man eine Frage beantwortet, tauchen gleich neue auf. Was sind zugelassene Fallen, wann beginnt die Schonzeit für den Steinmarder, wo kann man an einen Fallenjagdlehrgang teilnehmen und wie lange dauert dieser? Die Informationen, die jetzt noch fehlen, sind in entsprechenden **Landesverordnungen** zu finden. So können Sie in der „Verordnung über jagdbare Tierarten und über die Jagdzeiten" sowie der „Landesverordnung über die Fangjagd (Fangjagdverordnung)" die Informationen nachlesen, die Sie noch benötigen. Hier findet sich auch der Waschbär wieder und Sie stellen fest, dass er das ganze Jahr hindurch gefangen werden darf. Aber Vorsicht, hier können länderinterne Schonzeiten während der Brut- und Setzzeiten gelten. Den Steinmarder jedoch darf man nur in der Zeit vom 16. Oktober bis zum 28. Februar jagen.

Die Jagdzeiten der Bundesländer unterliegen permanenten Änderungen und so ist es ratsam, sich vor dem Aufstellen einer Falle zu vergewissern, dass man sich noch im Bereich der erlaubten Jagdzeit befindet. Aber weitere Informationen über den Lehrgang Fallenjagd erhalten Sie in den angesprochenen Verordnungen nicht. Das liegt daran, dass diese Lehrgänge meist auf Kreisebene stattfinden und auch in der Lehrgangsgestaltung voneinander abweichen können. In der Regel dauert so ein Lehrgang einen Tag. Die Informationen, wann und wo der nächste stattfindet, erfragen Sie am besten bei dem jeweiligen Kreisjägermeister. Hier sollten alle Fäden des Kreises, welche die Jagd betreffen, zusammenlaufen.

Der **Kreisjägermeister** kann Ihnen wahrscheinlich Kontaktadressen nennen, wo in der nächsten Zeit Lehrgänge abgehalten werden. Weiterhin kann er Ihnen den zuständigen Jäger für den eigenen Wohnbereich nennen, der mit Rat und Tat zur Seite stehen kann. Auch wenn Ihnen nicht der Sinn danach steht, sich über die genaue Gesetzeslage selbst zu informieren, können diese Informationen relativ schnell bei dem jeweiligen Kreisjägermeister oder der zuständigen Behörde abgefragt werden. Ebenfalls ist man dort über eventuelle Änderungen informiert.

Serviceseiten

Literatur

Bartussek, Ingo, Die Waschbären kommen, Cognitio Kommunikation und Planung Verlag, Niedenstein, 2004.

Bodenschatz, Walter, Handbuch für den Schädlingsbekämpfer, Behr's Verlag, Hamburg, 35. Aktualisierung, September 2007.

Engelbrecht, H., Reichmuth, Ch., Schädlinge und ihre Bekämpfung, Behr's Verlag, Hamburg, 3. Auflage 1997.

Hespeler, Bruno, BLV Jagd Praxis „Fuchs und Marder", BLV Verlagsgesellschaft, München, 2004.

Kleinlogel, Björn, Der Steinmarder, in: Der praktische Schädlingsbekämpfer, Ausgabe 10/98, 12/98 und 2/99, Herausgeber: Deutscher Schädlingsbekämpfer Verband e. V., Beckmann Verlag, Lehrte.

Ludwig, Beate, Von Mardern und Menschen, Tecklenburg Verlag, Steinfurt, 2. Auflage 1999.

Pospischil, R., Sellenschlo, U., Steckbrief der wichtigsten Lebensmittelschädlinge, Behr's Verlag, Hamburg, 1. Auflage 2004.

Schade, C., Eisele, T., Palberg, N., Aktive Schädlingskontrolle, Behr's Verlag, Hamburg, 1. Auflage 2003.

Stein, Wolfgang, Vorratsschädlinge und Hausungeziefer, Ulmer Verlag, Stuttgart, 1986.

Voigt, Thomas, Schädlinge und ihre Kontrolle nach HACCP-Richtlinien, Behr's Verlag, Hamburg, 1. Auflage 1998.

Westerkamp, Andreas, Fangjagd, Kosmos Verlag, Stuttgart, 2006.

Schädlingsbekämpfung in der Lebensmittelproduktion, Schriftenreihe Lebensmittelchemische Gesellschaft, Band 26. Behr's Verlag, Hamburg, 1. Auflage 2005.

Waschbärforschungsprojekt im Müritz-Nationalpark, Gesellschaft für Wildbiologie und Naturschutz e. V. Carpin, Projektleiter: Dipl.-Biol. Frank-Uwe Michler.

Bezugsquellen

Ultraschallgeräte

DEKUR Elektronic-Geräte GmbH
Postfach 200 446
56004 Koblenz
Tel.: 0261-404527, Fax: 0261-403888

KONTEC Tilman Henckell Meldetechnik
Dresdener Str. 14
78333 Stockach
Tel.: 07771-61134, Fax: 07771-61399

Marder- und Waschbärenfallen

Kieferle GmbH
Kronenstr. 12
78244 Gottmadingen/Randegg
Tel.: 07734-97203

Toilettensicherungsklappe für Ratten

Rattstop®
Hersteller: InventTech GmbH
Verkauf: Volker Rademacher Heizung-Lüftung-Anlagenbau
Jägerstr. 7a
58553 Halver
Tel.: 02353-13170, Fax: 02353-13465

Ratten- und Mäusegift sowie Köderboxen

W. Neudorff GmbH KG
An der Mühle 3
31860 Emmerthal
Tel.: 05155-624-0, Fax: 05155-6010

Frunol delicia GmbH
Hansastr. 74
59425 Unna
Tel.: 02303-253600, Fax: 02303-2536050

Register

Bildquellen

FotoNatur/Tanja Askani: Titelbild
Frank Hecker, Panten-Hammer: Seite 2 oben links (14), 2 unten links (55), 3 unten rechts (51), 5, 7, 17, 31
Hans Reinhard, Heiligkreuzsteinach: Seite 2 oben rechts (29), 9, 11, 13, 15, 23, 24, 28, 32
Waldhäusl/Arco Images/Braun: Seite 1 (26)
Waldhäusl/Arco Images/Wothe K.: Seite 19

Die restlichen Fotos stammen vom Autor.
Die Zeichnungen fertigte Helmuth Flubacher, Waiblingen, nach Vorlagen des Autors.

Die in diesem Buch enthaltenen Empfehlungen und Angaben sind vom Autor mit größter Sorgfalt zusammengestellt und geprüft worden. Eine Garantie für die Richtigkeit der Angaben kann aber nicht gegeben werden. Autor und Verlag übernehmen keinerlei Haftung für Schäden und Unfälle.

Bibliografische Information der Deutschen Nationalbibliothek
Die Deutsche Nationalbibliothek verzeichnet diese Publikation in der Deutschen Nationalbibliografie; detaillierte bibliografische Daten sind im Internet über http://dnb.d-nb.de abrufbar.

Wollgrasweg 41, 70599 Stuttgart (Hohenheim)
E-Mail: info@ulmer.de
Internet: www.ulmer.de
Lektorat: Dr. Gabriele Lehari, Anke Ruf
Umschlagentwurf: Atelier Reichert, Stuttgart
Satz: Typomedia, Ostfildern
Reproduktion: TBM, Remseck
Herstellung: Silke Reuter
Druck und Bindung: Friedrich Pustet, Regensburg
Printed in Germany

ISBN 978-3-8001-5753-2